Martin Grabe

HOMOSEXUALITÄT UND CHRISTLICHER GLAUBE: ein Beziehungsdrama

Francke

Über den Autor:

Dr. Martin Grabe, Psychiater und Psychotherapeut, ist Direktor des Marburger Instituts für Religion und Psychotherapie (MIRP) der Ev. Hochschule Tabor in Marburg. Er war langjähriger Ärztlicher Direktor der Klinik Hohe Mark bei Frankfurt und 1. Vorsitzender der Akademie für Psychotherapie und Seelsorge (APS), Herausgeber der Zeitschrift P&S und Autor zahlreicher Bücher und Fachartikel. Martin Grabe ist verheiratet und hat vier erwachsene Kinder.

FSC www.fsc.org
MIX
Papier aus verantwortungsvollen Quellen
FSC® C014138

Bibliografische Information der Deutschen Nationalbibliothek
Die Deutsche Nationalbibliothek verzeichnet diese Publikation in der Deutschen Nationalbibliografie; detaillierte bibliografische Daten sind im Internet über https://dnb.de abrufbar.

3. Auflage 2025
ISBN 978-3-96362-172-7

Am Schwanhof 19, 35037 Marburg an der Lahn
Umschlagbild: © iStockphoto.com / irinabogomolova
Umschlaggestaltung: Francke-Buch GmbH
Satz: Francke-Buch GmbH
Printed in Czech Republic

www.francke-buch.de
info@francke-buch.de

Inhalt

Dank

Vier Menschen haben dieses Buch im Werden begleitet, mir wertvolle Denkanstöße gegeben, mich kritisiert und ermutigt – und sich dabei selbst für das Thema eingesetzt. Es sind die Psychologin Elfi Orth, der Theologe und Psychologe Olaf Kormannshaus, meine liebe Frau Christiane und Anne Meiß vom Francke-Verlag. Ganz, ganz vielen Dank euch allen!

Einleitung

In Bezug auf das Thema Homosexualität hat unsere Gesellschaft in den letzten Jahrzehnten einen echten Paradigmenwandel erlebt. Es gibt in der Geschichte unserer jetzigen Republik nur wenige Beispiele, wo eine so starke Veränderung im Denken und auch in der juristischen Beurteilung eingetreten ist.

Bis 1973 gab es noch den Paragrafen 175, der homosexuelle Handlungen generell unter Strafe stellte. Erst 1994 wurde er endgültig abgeschafft. Aus medizinischer Perspektive war Homosexualität bis zur Einführung der ICD-10[1], 1989, eine psychische Krankheit.

Während ich für dieses Buch recherchierte, habe ich einmal in einigen renommierten älteren Verhaltenstherapiebüchern nachgeschaut: Es wird tatsächlich z. T. noch selbstverständlich darauf eingegangen, welche Methoden in der Behandlung der Homosexualität anwendbar seien. Das ist noch nicht lange her. Für jüngere Therapeuten[2] ist es kaum vorstellbar, dass einmal so gedacht wurde. An dieser Stelle hat sich wirklich viel gewandelt.

---

1 »International Statistical Classification of Diseases and Related Health Problems«, 10. Revision.

2 Der besseren Lesbarkeit halber wähle ich in diesem Text manchmal die sprachlich kürzere Form und hoffe, dass dies für meine Leserinnen und Leser akzeptabel ist.

Das Allgemeine Gleichbehandlungsgesetz (AGG) aus dem Jahr 2006 – umgangssprachlich auch Antidiskriminierungsgesetz genannt – scheint dann der formale Schlusspunkt unter diese Entwicklung der Entdiskriminierung und Gleichstellung zu sein. Jeder weiß jetzt, was rechtlich und politisch korrekt ist, und von außen gesehen könnte man vielleicht denken, dass damit auch alles klar sei.

Auf der anderen Seite ist erst vor Kurzem ein Buch erschienen: »Nicht mehr schweigen«, herausgegeben von Timo Platte[3]. In diesem Buch beschreiben viele tiefgläubige Christinnen und Christen ihren Lebensweg. Es gibt in all diesen sehr unterschiedlichen Geschichten eine Gemeinsamkeit: Es sind Menschen, die lesbisch, schwul oder transident sind. Und es gibt noch eine weitere Gemeinsamkeit: Es werden fast ausschließlich lange Leidenswege beschrieben. In diesem Buch allerdings zum Glück viele mit Happy End. Mehr oder weniger.

Betroffene realisieren irgendwann, dass sie offensichtlich homosexuell empfinden. Für sie selbst und anschließend für ihre Gemeinden ist das ein Schock. Etwas, das sie nicht haben wollen, etwas, das sie nach allem, was sie gelernt, eingeatmet, internalisiert haben, nicht mit ihren Vorstellungen über anständiges Frau- und Mannsein in Einklang bringen können – aber auch nicht mit ihrer Jesus- und Gottesbeziehung.

[3] Timo Platte (Hg.): Nicht mehr schweigen. Der lange Weg queerer Christinnen und Christen zu einem authentischen Leben. Pro Business Verlag, Berlin, 2018.

Es stellen sich einige Fragen:

- Warum entstehen in christlichen Gemeinden gerade im Bereich Homosexualität diese massiven Aversionen, Schuld- und Versündigungsängste?
- Handelt es sich um neurotische Fehlhaltungen oder gibt es aus Sicht des christlichen Glaubens berechtigte Gründe?
- Was ist aus historischer, was aus psychotherapeutischer und was aus theologischer Sicht dazu zu sagen?

In dem vorliegenden Buch mache ich den Versuch, ein paar klare Gedanken dazu zu formulieren. So ehrlich und deutlich, wie es mir möglich ist. Ich bin mir auch darüber bewusst, dass dieses Thema ein heißes Eisen ist, das mit heftigen Gefühlen verbunden sein kann.

Insofern habe ich eine große Bitte:

Lesen Sie dieses Buch zu Ende. Das ist angesichts der Seitenzahl eine überschaubare Aufgabe. Wo immer Sie auch selbst stehen mögen, der große Vorteil am Lesen ist, dass Sie danach eine gute Übersicht über verschiedene Gesichtspunkte gewonnen haben. Bei zufälligem Blättern oder »Diagonallesen« könnten Sie leicht zu völlig falschen Schlussfolgerungen kommen.

Anschließend darf ALLES dazu gesagt werden. Weiteres Nachdenken und Gespräche in Ihrem Bekanntenkreis, Hauskreis, Ihrer Familie sind ohnehin sehr erwünscht.

1. Warum hat unsere Gesellschaft eigentlich immer etwas gegen Schwule gehabt?

In aller Auseinandersetzung innerhalb der christlichen Szene und zwischen ihr und der LSBTI[4]-Bewegung ist ein entscheidender Gesichtspunkt manchmal fast aus dem Blick geraten: Schwulenfeindlichkeit ist traditionell kein christliches Problem, sondern war immer ein gesamtgesellschaftliches; in unserem Land spätestens seit dem Mittelalter bis weit in die Nachkriegszeit hinein.

Noch vor zwanzig, höchstens 25 Jahren war es eine gesellschaftliche Schande, als homosexuell »enttarnt« zu werden. Das kostete Betroffene in der Regel die weitere Karriere. Nur im künstlerischen Bereich galten etwas liberalere Maßstäbe. Gut zwei Jahrzehnte länger ist es her, dass wir noch den Paragrafen 175 in unserer Rechtsprechung hatten, der Homosexualität unter Strafe stellte.

Bis heute ist zu beobachten, dass unsere gesellschaftlichen Konventionen im nördlichen Europa einen bestimmten »Sicherheitsabstand« zum eigenen Geschlecht vorschreiben, der in südlichen Ländern so nicht zu beobachten ist. Dort ist es z. B. völlig in Ordnung, wenn Männer sich gegenseitig in den Arm nehmen oder Frauen im türkischen Bad sich ge-

[4] LSBTI: Lesben, Schwule, Bisexuelle, Transsexuelle, Transgender und Intersexuelle.

genseitig liebevoll den Körper pflegen. Langsam ändert sich offensichtlich auch in unserem Land etwas. Ich bin jetzt in einem Männer-Hauskreis, wo man sich gegenseitig immer mit Umarmung begrüßt. War mir neu, aber warum nicht? Doch Begrüßungen mit Küsschen-Küsschen gehen als Mann nach wie vor nur befreundeten Frauen gegenüber. Anders ist es gar nicht vorstellbar.

Gleichzeitig zu diesem größeren äußeren Nähe-Tabu in unseren Breiten gab es aber eine verbreitete Unkultur von diskriminierenden Anzüglichkeiten in Bezug auf Homosexualität und Schwulenwitze. Noch vor gar nicht so langer Zeit waren unter Männern Schwulenwitze eine der beliebtesten Witzekategorien. Erfolg war nahezu garantiert, so dümmlich der Witz auch war. Ich war in der Schule in einer reinen Jungenklasse und habe mich damals schon darüber gewundert.

Aus tiefenpsychologischer Sicht liegt nahe – und ich mute Ihnen diese Aussage jetzt einmal zu –, dass es dabei insgesamt vor allem um die Abwehr eigener homoerotischer Anteile ging. Natürlich auch im eben genannten Beispiel, einer Schulklasse pubertierender Jungen. In einer Kultur, in der ein bestimmtes Empfinden tabuisiert wird, also immer wieder klargestellt wird, dass man dies und das auf keinen Fall sein darf oder empfinden darf, da versuchen Menschen, sich innere Sicherheit zu verschaffen. Das machen sie, indem sie äußeren Abstand einhalten und unerlaubte eigene Gefühle verleugnen, projizieren und andere Abwehrmechanismen anwenden – immer im Sinne der Verdrängung.

Hier stoßen wir jetzt übrigens schon an eine Grundbedingung, um die wir nicht herumkommen, wenn wir konstruktiv mit homosexuell empfindenden Menschen umgehen wollen. Wir brauchen einen zumindest einigermaßen intakten Zugang zu unseren eigenen homoerotischen Anteilen.

Jede tiefe Freundschaft zwischen Frauen und zwischen Männern hat diesen homoerotischen Anteil, auch wenn es beiden nicht um körperlich-sexuelle Annäherung geht, also sie selbstverständlich und ohne Leidensdruck diese Grenze einhalten. Gute Freundschaft unter Angehörigen des gleichen Geschlechts stellt eine hohe Stufe von Sublimierung homoerotischer Anteile dar, könnte man aus tiefenpsychologischer Perspektive sagen.

Damit ist gemeint, dass es beiden gelingt, innerhalb der gegebenen gesellschaftlichen, gefühls- und gewissensmäßigen Grenzen einen großen Freiraum zu gestalten, in dem sie ihre Freundschaft genießen können und oft auch Ideen und Aktivitäten nach außen hin entwickeln können.

Freundschaftliche Beziehungen – zu beiden Geschlechtern, aber oft gerade zum eigenen – sind die inspirierendste Quelle unserer Kreativität.

Wie weit Menschen homoerotische oder heteroerotische Impulse empfinden, ist übrigens recht unterschiedlich verteilt. Letztlich liegen alle Menschen auf einem Kontinuum, das stärker an dem einen oder dem anderen Pol liegen kann. Es gibt aber keinen Menschen, der absolut ausschließlich Empfindungen der einen oder anderen Art hätte.

Wer in Bezug auf die eigenen homoerotischen Anteile stark von unbewussten Abwehrmechanismen bestimmt wird, hat hier ein großes Problem. Das ist dann der Fall, wenn auf der einen Seite ein sehr starres Tabu aufgerichtet wurde, zu »solchen Menschen« auf keinen Fall gehören zu wollen und auch nicht für einen solchen Menschen gehalten zu werden, und sich auf der anderen Seite aufgrund der individuellen Veranlagung immer wieder recht starke homoerotische Impulse melden.

Attraktivität von Menschen des gleichen Geschlechts muss schon vor dem Bewusstwerden vom Unbewussten abgefangen werden und durch Abwehrmechanismen unkenntlich gemacht werden. Wenn einem Menschen mit dieser Konstellation homosexuell empfindende Menschen begegnen, also spürbar wird, dass möglicherweise auf der anderen Seite kein so klares Tabu besteht, müssen alle Register der intrapsychischen Abwehr gezogen werden, damit die Situation nicht zu gefährlich wird.

Besonders prekär ist das in einem Beratungskontext. In einem solchen Fall würde ein Seelsorger dann vielleicht sehr schnell den Betreffenden mit mosaischen Geboten konfrontieren und zur Buße aufrufen – mit dem unbewusst erwünschten Erfolg, den Ratsuchenden bald als »unbußfertig« los zu sein. Ein Therapeut, der an dieser Stelle selbst eine starke neurotische Abwehr hat, würde vielleicht mit einem streng-rigiden Verhalten das Entstehen einer gedeihlichen therapeutischen Beziehung verhindern und wäre dann auch die Gefahr los. Jeder Ratsuchende merkt schnell, ob er wirklich angenommen oder unterschwellig abgelehnt wird. Glücklicherweise ziehen im zweiten Fall die meisten Klienten die Konsequenzen und wenden damit ab, in einer solchen Beziehung nachhaltig geschädigt zu werden. Manche schaffen das aber auch nicht, was dann zu sehr unglücklichen Entwicklungen führen kann, gerade im Bereich unseres Themas.
Von homosexuell empfindenden Menschen wurde jahrhundertelang in unserer Kultur absolute Verleugnung nach außen

und möglichst auch sich selbst gegenüber gefordert. Wo die homosexuelle Orientierung aber eindeutig war, kam es dann oft irgendwann im Leben zu einem Zusammenbruch der Verdrängung. Ein Coming-out fand statt, auch wenn dieser Begriff erst später geprägt wurde. Coming-out bedeutet Zusammenbruch der Verdrängung. Betroffene verachteten sich anschließend aber oft selbst für ihre geächtete Neigung und entwickelten häufig eine entsprechend wenig wertschätzende und fatalistische Haltung sich selbst gegenüber. Oft gerieten sie in einen selbstdestruktiven, hoch promiskuitiven Lebenswandel, der stark um die suchtartig wiederholte körperlich-sexuelle Befriedigung zentriert war. So menschenunwürdige Orte wie Bahnhofstoiletten oder schmuddelige Autobahnrastplätze wurden nicht selten zu Treffpunkten. Das wiederum wurde dann in der Gesellschaft als »die« homosexuelle Lebenspraxis wahrgenommen, führte zu einer weiteren Entwertung und rief Abscheu und Ekel hervor.

Eine Frage, die sich hier aufdrängt, ist: Warum gab es in unserer Gesellschaft über Jahrhunderte unserer Geschichte hinweg eine derartige Ächtung homoerotischer Impulse?

In der klassischen Antike war das ganz offensichtlich nicht so. Bei Platon wird die Homoerotik sogar als die reifste Form menschlicher Sexualität beschrieben.

Woher kam und kommt in unserer Kultur das besonders starke Bedürfnis, homoerotische Anteile unter sicherem Verschluss zu halten?

Sicherlich könnte man sagen, dass eine Wurzel die christlich-abendländische Tradition ist, in der traditionell Bibelstellen im Alten und im Neuen Testament so verstanden wurden, dass Homosexualität sündiges Verhalten sei bzw.

ein Ausdruck von Gottesferne. Dazu möchte ich inhaltlich in Kapitel 4 noch eine ganze Menge sagen. Andererseits haben theologische Gesichtspunkte gesamtgesellschaftliche Entwicklungen in der Regel meist sehr wenig prägen können.

Denken Sie zum Beispiel an die ständigen Eroberungskriege im Lauf der Weltgeschichte, an Grausamkeiten und Gnadenlosigkeit anderen Menschen gegenüber, die ständige grenzenlose Gier und Ausbeutung, die die Triebfeder so vieler Entwicklungen war und ist – all das hat sicherlich so ganz und gar nichts mit dem Vorbild Jesu zu tun. Trotzdem wurden auch bei all diesen so offensichtlich unchristlichen Lebensweisen laufend pseudochristliche Argumente verwendet, um all das zu rechtfertigen. Dass das überfallene Land nicht den rechten Glauben habe, dass die »schwarze Rasse« minderwertig und zur Sklaverei bestimmt sei, dass wirtschaftlicher Erfolg den Segen Gottes sichtbar mache. Es gibt kaum eine Fehlhaltung, die in der europäischen Geschichte nicht theologisch begründet worden wäre.

Die Wurzel für die Ächtung der Homosexualität in der Geschichte liegt also mit großer Wahrscheinlichkeit an anderer Stelle als in der Theologie. Es muss noch spezifischere Quellen geben.

Generell kann man sagen, dass das Fremde sich anbietet für Projektionen. Wer in einer Gesellschaft irgendwie anders ist, nicht mitmacht, zum Teil einen unüblichen Lebensweg einschlägt, der bietet sich dafür an, negative Projektionen abzubekommen. Also mit Anteilen identifiziert zu werden, die eigentlich in uns liegen, die wir aber gar nicht gerne mit uns in Verbindung bringen.

Die Juden sind ein bekanntes Beispiel. Man untersagte ihnen einerseits, ein reguläres Handwerk zu erlernen und auszuüben, nahm ihnen dann aber andererseits übel, wenn sie den einzig erlaubten Weg beschritten, Geschäftsleute zu werden. Vor allem, wenn sie erfolgreich waren, wurde ihnen unterstellt, geizig, gierig und betrügerisch zu sein. Diese neidgesteuerten Zuschreibungen waren fast durchgängig die Regel.

Bevor es zu Pogromen kam, wie unsere ganze wenig rühmliche abendländische Geschichte hindurch immer wieder, wurde aber nachgerüstet. Den Juden wurden aggressivste und schlimmste Machenschaften unterstellt wie Brunnenvergiftung und massenhafter ritueller Missbrauch von Kindern. Das Verrückte: Die Bevölkerung glaubte daran und führte das Pogrom mit entsprechendem Hass und entsprechender Brutalität durch. Die Reinigung von der Gruppe, auf die man vorher die eigenen bösartigen und aggressiven Impulse projiziert hatte, wurde als befreiend und als gerechte Tat erlebt.

Natürlich wurde in Wirklichkeit nichts besser. Im Gegenteil, es wurde schlechter, weil die Bevölkerung jetzt auch noch die andrängenden Schuldgefühle wegen ihrer unmenschlichen Taten verdrängen musste. Dazu wurden dann wieder weitere Projektionen genutzt. Natürlich leiden Menschen, deren Leben von solch unbewussten Abwehrmechanismen bestimmt sind, auch selbst. Viel ihrer psychischen Energie ist gebunden, um die Abwehr aufrecht zu erhalten, um sich selbst weiter vorzumachen, dass sie richtig gehandelt hätten und für eine gute Sache gekämpft hätten. Ihr Leben wird ein ständiger innerer Kampf um Selbstachtung. Aber sie reagieren auch besonders aggressiv, wenn hier jemand Fragen stellt oder ihre Selbstverständlichkeiten nicht gelten lässt.

In ähnlicher Weise boten sich homosexuelle Menschen für Projektionen an. Auch sie waren in bestimmter Hinsicht spürbar anders und funktionierten nicht vollständig entsprechend den gesellschaftlichen Erwartungen.

Ein Grund dafür, dass sie speziell in unserer Gesellschaft so stark in die Ausgrenzung gerieten, ist sicherlich auch die preußisch-soldatische Herkunft unseres jetzigen Staatswesens.

Im Gegensatz beispielsweise, zum klassischen Griechenland, wo die Teilnahme am Kampf zur Verteidigung der eigenen Polis Ehrensache war und überwiegend mit Selbstüberwindung zu tun hatte, beruhte militärische Stärke in Preußen auf unbedingter Disziplin und Angst vor Vorgesetzten.

In einem solcherart aufgebauten Militär musste ein starkes Tabu gegen »wehrkraftzersetzende« Liebesbeziehungen zwischen Männern aufgerichtet werden. Offiziere hatten in preußischer Tradition die Aufgabe, ihre Soldaten so stark in Angst und Schrecken zu halten, dass sie sie im Bedarfsfall auf den Feind und in den Tod hetzen konnten. Dieses starre und absolute Befehl-und-Gehorsam-Gefüge hätte nicht funktioniert, wenn Liebesbeziehungen zwischen den Soldaten bestanden hätten. In militaristischen Gesellschaften musste unablässig darauf geachtet werden, dass das nicht passierte. Vielleicht kennen Sie den Ausspruch Friedrichs des Großen, der sinngemäß gesagt hat: »Meine Soldaten müssen mich mehr fürchten als den Feind.«

Dadurch ist es auch erklärbar, dass weibliche Homosexualität fast vollständig unterhalb der Aufmerksamkeitsschwelle der Öffentlichkeit blieb. Das ist, wenn man von den bemühten moralischen oder gar theologischen Argumenten ausgeht, doch gar nicht erklärbar. Dann hätte man sich über Lesben doch genauso entrüsten müssen.

Weibliche Homosexualität interessierte wehrtechnisch gesehen aber ganz einfach nicht. In diesem Fall waren die Schwulen die Leidtragenden. Sie wurden gedemütigt, bestraft und gefoltert.

Andererseits haben für außenstehende Beobachter oft gerade militärische Männerkameradschaften eine unverkennbar sublimativ-homoerotische Komponente. Nur eben verdrängt, in Biergelagen und ggfs. Schwulenwitzen ausgetobt.

Das Militär wiederum war die »Schule der Nation« und prägte das Staatswesen.

Ich nehme übrigens an, dass die noch bestehende ausgeprägte Schwulendiskriminierung in vielen islamischen Ländern auch damit zu tun hat, dass der Islam in seiner Verbreitungszeit von einer ausgeprägt militaristischen Männergesellschaft getragen wurde. Dieses Thema würde eine eigene Untersuchung lohnen.

Im »Dritten Reich« als düsterster Phase deutscher Geschichte dann kam es zu einem besonderen Phänomen. Unter dem Druck der von einem paranoid-narzisstischen Diktator geprägten Gesellschaft entstand einerseits Angst vor Ausgrenzung und Sanktionen, andererseits die Möglichkeit, als »Arier« selbst Anteil an der angebotenen unreifen narzisstischen Aufwertung zu haben. Menschen, die sonst kaum Chancen gehabt hätten sich hervorzutun, bekamen jetzt auf einmal die Möglichkeit, sich durch Entwertung ganzer anderer Bevölkerungsgruppen als etwas Besonderes zu fühlen und besondere Rechte zu bekommen. Sehr viele ergriffen diese Gelegenheit, stützten das System und verbreiteten Angst. Es wurde immer schwerer, einen eigenständigen Standpunkt zu bewahren, und immer mehr Menschen schlossen sich an, um sich in Sicherheit zu bringen. Anschließend rechtfertigten sie ihre neuen Einstellungen vor sich selbst und anderen, indem sie sich die Propagandameinungen bald tatsächlich zu eigen machten. Tiefenpsychologisch gesehen bedeutete das Regression großer Teile der Bevölkerung auf ein niedrigeres Strukturniveau. Wo vorher neurotische Mechanismen vorgeherrscht hatten wie Verdrängung, verbunden immerhin mit der Fähigkeit zu einer gewissen Wertekonstanz, herrschte jetzt die Spaltung vor als handlungsleitendes Schema. Es wurde salonfähig, bestimmte Bevölkerungsgruppen pauschal auszugrenzen und zum Ziel unkontrolliert verteufelnder Projektionen und Übertragungen zu machen.

Die Homosexuellen gehörten dazu, viele wurden Opfer der Vernichtungsmaschinerie.

Spätestens nach 1945 sollte von daher der Zweifel am »gesunden Volksempfinden« als Maßstab für den Umgang mit Bevölkerungsgruppen erlaubt sein.

Übrigens war in der beginnenden Nazizeit auch ein Propagandamittel der KPD, den Nazis in entwertender Weise zu unterstellen, dass es dort so viel Homosexualität gäbe. Die Nazis wiederum nutzten ihrerseits den in der Bevölkerung bereitliegenden Schwulenhass schon 1934 dazu, in der Röhm-Affäre straflos die gesamte Leitung der konkurrierenden SA zu ermorden. Und blieben dann gleich dabei, Hassprojektionen gegen homosexuelle Menschen anzuheizen.

Im gesamten Ostblock behielt man übrigens diese erfolgreiche Gewohnheit bei, Schwulenhass als Propagandamittel einzusetzen. Homosexualität sei eine Degeneration der Bourgeoisie, auch ein Symptom des Feudalismus – und habe keinen Platz in einer fortschrittlichen Arbeitergesellschaft. Noch bis zum Ende der DDR hatte die Stasi den Auftrag, die Entstehung homosexueller Verbände in der DDR zu verhindern.

Homosexuellen Menschen ist im Laufe der Geschichte unendlich viel Unrecht geschehen. Das gilt auch noch für die Zeiten unserer Bundesrepublik. Erst seit gut 15 Jahren prägt eine starke emanzipatorische Bewegung das Bild in der öffentlichen Wahrnehmung, zu der auch eine erfolgreiche politische Lobbyarbeit gehört. Inzwischen gehört es zu den größten Ängsten eines Politikers, als »homophob« deklariert zu werden. Unterschwellig, jenseits oberflächlicher politischer Korrektheit, existiert in großen Teilen unserer Bevölkerung aber weiterhin die Fortsetzung der alten Diskriminierung. Das sieht man immer wieder an den Reaktionen von Familien auf ein Coming-Out. Diese Diskriminierung beruht auf der erlernten Übernahme traditioneller Tabus, diese wiederum gründen – wie ausgeführt –großenteils auf tief eingespurter, langjährig eingeübter kollektiver neurotischer Abwehr.

2. Wie gehen Christen mit dem Thema Homosexualität um?

Kirchenpolitisch könnte das Spektrum der Meinungen nicht breiter sein. Dabei sind zwei Grundtendenzen wahrzunehmen:

Zum einen das Bemühen, größte Toleranz zu zeigen, auch im Sinne der Wiedergutmachung bisheriger Diskriminierung. In vielen evangelischen Landeskirchen ist die vollständige Gleichstellung homosexueller Partnerschaften mit heterosexuellen inzwischen vollzogen. Pfarrer, die aufgrund ihres Gewissens immer noch nicht mitziehen, werden sanktioniert.

Auf der anderen Seite gibt es, insbesondere in evangelikalen Kreisen, weiterhin die Kennzeichnung homosexueller Lebensweisen als schwere sündhafte Verstrickung.

Vor noch nicht langer Zeit geriet der Vorsitzende der Deutschen Evangelischen Allianz über dieser Debatte in schwere Turbulenzen. Er hatte sich zu liberal geäußert. Große Bemühungen der Evangelischen Allianz, in dieser Frage auf theologisch-psychologischer Ebene zu einer internen Einigung zu kommen, endeten letztlich ohne anwendbares Ergebnis. Ich selbst war als christlicher Psychotherapeut zu entsprechenden Fachwochenenden der Allianz eingeladen und habe auf diese Weise vielfach alle nur denkbaren Ansichten und Argumente zu diesem Thema gehört. Letztlich wurde dann vom Hauptvorstand allerdings eine wenig aussagekräftige Erklärung veröffentlicht, in die diese Fachdebatten kaum Eingang fanden.

In christlichen Medien wird bis heute die Auseinandersetzung um Homosexualität oft polarisierend geführt, was ebenfalls nicht wirklich weiterhilft.

Verwirrend ist zusätzlich, dass häufig schwer unterscheidbar ist, ob es sich bei einer Äußerung um eine politische oder eine religiöse handeln soll. Zumindest hier würde ich eine sehr viel klarere Trennung vorschlagen.

Auf der politischen Ebene ist es selbstverständlich erstrebenswert, dass alle Bürgerinnen und Bürger unseres Staates im Sinne des Grundgesetzes gleiche Rechte haben – unabhängig von Religion oder Sexualorientierung. Wo Diskriminierung besteht, sollte sie aufgedeckt und ihr aktiv entgegengewirkt werden. Das kann ggf. auch zur Änderung lang gewohnter gesetzlicher Regelungen führen und ist zu begrüßen, auch aus Sicht des christlichen Glaubens, wenn daraus eine größere innere Konsequenz und Gerechtigkeit entsteht. Manchmal kann es auch heißen, sich von lieb gewordenen oder bequemen Privilegien trennen zu müssen. Ich weiß z. B. nicht, ob es von einem neutralen Standpunkt aus gesehen wirklich gerecht ist, Ehepaare steuerlich zu bevorzugen. Sie verstehen mich richtig, aus christlicher Sicht bin ich starker Befürworter der Institution Ehe. Aber Aufgabe eines demokratischen Staates ist es vor allem, dafür zu sorgen, dass alle Bürgerinnen und Bürger gerecht behandelt werden, und nicht, dass Menschen, die bestimmten Traditionen anhängen, gegenüber anderen bevorzugt werden.

Auf der religiösen Ebene geht es um etwas anderes. Wenn wirklich vom Glauben her gefragt wird, dann ist es nicht besonders wichtig, was gerade Mode oder politisch korrekt ist, sondern dann ist die Kernfrage: Was ist denn eigentlich der Wille Gottes?

Christen, also Anhänger Jesu, sind zunächst ganz normale Menschen mit ihren Stärken, Schwächen und ihrer Geschichte. Sie haben auch ihr Geltungsbedürfnis und die meisten möchten gerne reich werden. Aber wenn sie wirklich als Christen, aus christlicher Sicht, eine Lebensfrage beantworten wollen, dann muss der Zugang sein: Was wünscht sich Gott hier von mir? Was hätte Jesus getan?

Und mein Eindruck ist, dass hier in Bezug auf die Frage der Homosexualität in der christlichen Gemeinde Denkarbeit, auch saubere theologische Arbeit, gescheut wird. Die Tabus sind zu stark. Auf der einen Seite will man politisch korrekt sein: Na klar, da werden wir schon aufpassen, nichts Falsches an falscher Stelle zu sagen. Auf der anderen Seite aber vertritt man die Haltung: Warum sollen wir auf einmal etwas integrieren, das wir bisher, biblisch begründet, nicht einmal mit spitzen Fingern angefasst haben?

In der Gemeinde-Lebenspraxis zeigt sich derzeit folgendes Bild:

In der großen katholischen Kirche wird insgesamt wenig über das Thema Homosexualität gesprochen.

Offiziell gibt es klare Richtlinien. In der 1975 veröffentlichten Erklärung »Persona Humana« bezeichnete die vatikanische Glaubenskongregation homosexuelle Handlungen als »in sich nicht in Ordnung«. Sie könnten »keinesfalls in irgendeiner Weise gutgeheißen werden«[5]. Inoffiziell besteht ein breiter Spielraum, solange nicht darüber gesprochen wird. Auch innerhalb der Priesterschaft und Ordensleute. Nur in Bezug auf pädophile Übergriffe wurde diese m. E. ethisch sehr fragwürdige Grundhaltung jetzt endlich verlassen zugunsten größerer Klarheit.

Im evangelischen Raum ist in den landeskirchlichen Gemeinden inzwischen weithin eine Gleichstellung Homosexueller erwünscht und mehr oder weniger erfolgt. Allerdings leiden sehr viele dieser Gemeinden unter einem schwachen Gottesdienstbesuch und haben kaum aktives Gemeindeleben. Große, lebendige Gemeinden aus dem evangelischen Spektrum sind meistens Freikirchen, und in diesen wiederum haben es homosexuell empfindende Menschen in der Regel weiterhin schwer.

Seit Kurzem wird ihnen oft zugestanden, durchaus nicht überall, dass ihre Veranlagung an sich nicht sündig sei. Jede Form von homosexueller Lebenspraxis allerdings schon. Das bedeutet letztlich, dass nur ein zölibatäres Leben innerhalb der Gemeinde akzeptabel ist. Weiter gehende Zugeständnisse sind in Freikirchen noch auffällige Ausnahmen. Offen diskutiert wird das Thema selten, noch seltener werden Gemeinden in eine tiefgehende theologische Auseinandersetzung mit hineingenommen. Homosexuelle Menschen spüren meist, dass sie und ihre Themen in der Gemeinde einfach nicht erwünscht sind, selbst wenn offiziell etwas anderes gesagt wird.

---

5 http://www.vatican.va/roman_curia/congregations/cfaith/documents/rc_con_cfaith_doc_19751229_persona-humana_ge.html: Hl. Kongregation für die Glaubenslehre: Persona Humana. Erklärung zu einigen Fragen der Sexualethik. 29. Dezember 1975, dort Abschnitt 8.

Es nützt nichts: Wenn wir beim Thema Homosexualität und Gemeinde, speziell auch im evangelikalen Bereich, wo die Bibel besonderes Gewicht hat, weiterkommen möchten, dann müssen wir tatsächlich und ehrlich in diese Bibel schauen.

Bevor ich jetzt aber zu theologischen Gesichtspunkten komme, möchte ich zuerst noch einen Blick auf die therapeutischen werfen.

3. Homosexualität aus therapeutischer Sicht

Noch vor einigen Jahrzehnten, schon mitten in der jungen Geschichte unserer Republik, gab es innerhalb der Verhaltenstherapie einen durchaus lebendigen wissenschaftlichen Diskurs über die Homosexualität. Dabei ging es allerdings nicht etwa um die Frage, ob Therapie sinnvoll sei, sondern darum, welche Therapiemethodik besser geeignet sei als eine andere.

Diese Aktivitäten konnten auf der Basis gedeihen, dass es eine allgemeine, gesetzlich verankerte gesellschaftliche Ächtung der Homosexualität gab, die als schwere Perversion betrachtet wurde.

Entsprechend groß war der Wunsch vieler Betroffener, wenn erst einmal ihre Verdrängung im Sinne eines Coming-out zusammengebrochen war, nicht zu dieser von ihnen selbst verachteten Gruppe gehören zu müssen. Therapeuten wurden um Hilfe gebeten und versuchten ihr Bestes. Hier war natürlich die Verhaltenstherapie mit ihrem Angebot klarer und vereinbarter Zieldefinitionen gefragt.

An dieser Stelle möchte ich einmal eine Zwischenbemerkung machen. Ich glaube, dass auch heute therapeutisch Tätige sehr wachsam an der Stelle sein sollten, wo sie es mit gesellschaftlich erzeugter Not zu tun haben, die eigentlich gar nicht zu sein bräuchte. Sie sollten sich nicht vorschnell zum Erfüllungsgehilfen gesellschaftlich erzeugten Drucks machen, sondern stattdessen diesen benennen und lebensgemäßere Ziele vorschlagen.

Ein häufiges aktuelles Beispiel sind Menschen, die in Therapie kommen, um für eine übertriebene Leistungsnorm wieder fit gemacht zu werden.

Die damaligen Therapieversuche in Bezug auf Homosexualität waren vielfältig, es ging in späteren Zeiten vor allem um kognitive Umstrukturierung, aber anfangs auch um brutale Umerziehungsversuche im Sinne »klassischer Konditionierung«. In den 60er-Jahren wurden homosexuellen Männern unter sexueller Stimulation genitale Elektroschocks verpasst, um ihnen diese unerwünschten sexuellen Reaktionen abzugewöhnen. Menschen kommen auf unsägliche Ideen.

Auch in der christlichen Szene gab es damals, allerdings etwas später, etwa ab Beginn der 80er-Jahre, geradezu euphorische Aufbrüche von Heilungsinitiativen für homosexuelle Menschen. Zielgruppe waren ganz überwiegend Männer. Mit Heilung war gemeint, nicht mehr homosexuell, sondern heterosexuell zu empfinden. Und das sollte erreicht werden durch Gebet, Gemeinschaft, Beichte und festen Glauben an die Kraft Gottes. Diese Bewegungen kamen aus den USA, dort gab es z. B. die Bewegungen »Exodus« und »Desert Stream«, hier in Deutschland war es vor allem »Wüstenstrom«, die für viele christliche Männer zum Hoffnungsträger wurden. Allerhand Literatur wurde veröffentlicht, Männer bezeugten öffentlich, dass sie mit Gottes Hilfe von ihrer Homosexualität geheilt worden seien, und schrieben Artikel oder sogar Bücher darüber.

In evangelikalen Gemeinden, die das Thema der Homosexualität bis dahin so weit wie möglich gemieden hatten, setzte sich in der Folge oft die Meinung fest, dass Homosexualität eine heilbare Fehlhaltung sei. Man könne es ja in diesem oder jenem Buch nachlesen, das es auf dem Gemeindebüchertisch zu kaufen gab.

In der Realität erfolgte dann mit der Zeit weithin eine Ernüchterung. Viele ehemals begeistere Ex-Gay-Aktivisten gaben frustriert auf, empfanden ihre bisherige Haltung als Selbstbetrug und wechselten letztlich oft, meist sang- und klanglos, in eine schwule Lebensform.

Eine Nachfolgeorganisation der ehemaligen Ex-Gay-Bewegung gibt es in Deutschland noch, allerdings deutlich modifiziert. Die Konzepte sind viel langfristiger angelegt, setzen den Schwerpunkt auf Identitätsfindung in der jeweiligen Geschlechtsrolle, halten aber am Grundkonzept der durch Glauben gestützten Veränderungsmöglichkeit fest. Männer finden sich dort in hauskreisartigen Selbsthilfegruppen zusammen. Letztlich allerdings immer unter dem Vorzeichen, dass sie so nicht in Ordnung sind, wie sie sind.

In dem anfangs erwähnten Buch »Nicht mehr schweigen« gibt es viele Beispiele dafür, welches fortgesetzte Leid das für den Einzelnen bedeuten kann. Ungeachtet der seitherigen Erfahrungen blieb in frommen Gemeinden aber oft noch bis heute die Botschaft bestehen: Homosexualität ist eine Fehlhaltung, die man loswerden kann, wenn man nur wirklich glaubt und möchte.

In der Fachwelt besteht heute Einigkeit darüber, dass in den meisten Fällen Homosexualität eine Persönlichkeitsausprägung ist, die tief im Wesen eines Menschen verankert und ebenso wenig änderbar ist wie Heterosexualität.

Dafür sprechen im evangelikalen Bereich auch die vielen Erfahrungen der ehemals begeisterten Ex-Gay-Aktivisten, die erkennen mussten, dass sie zwar viel Enthusiasmus, guten Willen und Glauben hatten, aber die ihnen mitgegebene Persönlichkeit nicht ändern konnten. Wie schon gesagt, aus dem Diagnosekatalog ist die Homosexualität seit der ICD 10 auch gestrichen worden.

Bei wissenschaftlicher Betrachtung zeigen insbesondere Zwillingsstudien, dass es offensichtlich eine genetische Disposition gibt, aber keine direkte Erblichkeit. In Studien sind bis zu 30–50 % der Zwillingsbrüder homosexueller Männer ebenfalls homosexuell.[6] Bei zweieiigen Zwillingen sind es weit weniger, wobei diese ja, vergleichbar mit eineiigen Zwillingen, ebenfalls synchron die gleiche soziale Prägung erleben. Letztere hat aber auch einen unverkennbaren Einfluss, weil auch zweieiige Zwillinge homosexueller Männer deutlich häufiger homosexuell sind als Männer der Allgemeinbevölkerung. Inzwischen weiß man, dass es bei der Entstehung der sexuellen Orientierung zu einem komplexen Zusammenspiel mehrerer Genorte kommt, die z. T. auch andere Aufgaben haben.[7] Auch epigenetische Phänomene sind

[6] Siehe dazu Bailey JM, Pillard RC: A genetic study of male sexual orientation. Arch Gen Psychiatriy 1991 Dec; 48 (12): 1089–96.

[7] Siehe dazu Ganna, Andrea u. a., die eine länderübergreifende groß angelegte Studie mit fast 500.000 Teilnehmenden durchführten: https://geneticsexbehavior.info/what-we-found/.

bedeutsam[8] und vorgeburtliche Hormoneinflüsse[9]. In einer schwedischen Studie wurde der Einfluss genetischer Faktoren auf die Entstehung von Homosexualität bei Männern auf ca. 35 % eingeschätzt gegenüber ca. 65 % Umwelteinflüssen und bei Frauen auf knapp 20 % gegenüber gut 80 % Umwelteinflüssen.[10] Man ist sich heute darüber einig, dass die Entstehung der sexuellen Orientierung ein komplexes multifaktorielles Geschehen ist, wo die genannten genetischen, epigenetischen und hormonellen Einflüsse, aber auch ganz wesentlich die Kultur, Gesellschaft, Familie und individuelle Erfahrungen eine Rolle spielen.

In all den Fällen, wo es sich um eine ebenso stabile Persönlichkeitsausprägung handelt wie die Heterosexualität, gibt es natürlich überhaupt keine therapeutische Handlungsoption.

Insofern scheint mir auch das »Gesetz zum Schutz vor Konversionsbehandlungen« aus dem Jahre 2020, eine Initiative des damaligen Gesundheitsministers, weitgehend ins Leere zu laufen. Schon seit 30 Jahren gibt es keinen seriösen Therapeuten mehr, der Konversion des sexuellen Empfindens als Therapieziel festlegen wollte. Und Laien-Selbsthilfegruppen kann man mit einem solchen Gesetz nicht fassen.

---

[8] Rice WR, Friberg U, Gavrilets S: Homosexuality as a consequence of epigenetically canalized sexual development. Q Rev. Biol. 2012 Dec; 87 (4): 343.

[9] Roselli CE: Neurobiology of gender identity and sexual orientation. J Neuroendocrinol. 2018 Jul; 30 (7).

[10] Långström N, Rahman Q, Carlström E, Lichtenstein P: Genetic and environmental effects on same-sex sexual behavior: a population study of twins in Sweden. Arch Sex Behav. 2010 Feb; 39 (1): 75–80.

Allerdings leiden Menschen durchaus manchmal an ihrer Homosexualität und suchen therapeutische Hilfe.

In dieser Situation ist dann die wichtigste Frage, was denn genau das Leiden erzeugt. In der Regel ist es, wie wir es in der Klinik nicht selten erleben, die Subkultur, in welcher der oder die Betreffende lebt. Ich habe hier z. B. die Fallgeschichte einer Lehrerin in einer christlichen Schule vor Augen. Dabei geht es durchaus nicht nur um Leiden an den Reaktionen anderer Personen oder der Umgebung. Oft haben sich die Betroffenen noch gar nicht geoutet. Es geht stattdessen meist viel mehr darum, dass sie sich selbst nicht akzeptieren können mit der von ihnen abgelehnten, aber inzwischen nicht mehr zu leugnenden Neigung, weil sie die ablehnende Meinung ihrer Umgebung zutiefst teilen. Die verachtenden, richtenden und strafenden Stimmen kommen dabei nicht von außen, sondern sitzen im eigenen Hinterkopf. Betroffene quälen sich unentwegt selbst. Sie fühlen sich schmutzig, sündig und schuldig – nicht weil sie irgendetwas Böses getan hätten, sondern einfach deshalb, weil sie so sind, wie sie sind. Bis solche Menschen in die Klinik kommen, müssen diese Gewissenskonflikte schon so heftig sein, dass sich darüber eine mindestens mittelschwere Depression entwickelt hat. Ein Klinikaufenthalt würde sonst gar nicht von den Kassen übernommen.

In der Therapie würde es darum gehen, Betroffene in ihrem Selbstwert zu stärken und ihnen zu helfen, die nun einmal vorhandenen Grundbedingungen ihres Lebens zu akzeptieren und anzunehmen. Das ist bisher daran gescheitert, dass sie sehr starke ablehnend-destruktive Gedanken internalisiert hatten, die ihnen im Grunde keinen Lebensraum mehr übrig ließen. So brauchen sie insbesondere Hilfe in ihrer Auseinandersetzung mit sich selbst. Es geht darum, anklagende und zerstörerische innere Stimmen zu identifizieren, von ihrer Herkunft her zu verstehen und ihnen endlich Grenzen zu setzen.

An dieser Stelle ist aus religiöser Sicht jetzt allerdings der Einwand möglich und ist auch immer wieder von Betroffenen zu hören: Und was ist, wenn ich mit meinem negativen Gefühl unter Glaubensgesichtspunkten recht habe? Wenn Homosexualität eine von Gott verabscheute Orientierung ist, die eine Beziehung zu ihm belastet oder sogar ausschließt? Dahinter steht letztlich – manchmal auch direkt ausgesprochen – die Angst vor ewiger Verdammnis.

Diese Meinung haben Betroffene in der Regel aus Gemeinden mitgebracht oder auch direkt aus Predigten entnommen. Gutgemeinte Argumente helfen an dieser Stelle wenig weiter. Sie sind den Betroffenen ohnehin bekannt und würden eher als »Versuchung« angesehen, als »süßes Gift«.

Am besten ist es, wenn diese Fragen sowohl von therapeutischer als auch von seelsorglicher Seite angegangen werden können. Zuerst die therapeutischen Aspekte:

Der wichtigste Ansatz in einer Therapie ist die Begegnung mit dem eigenen Gewordensein, der eigenen Vergangenheit. Menschen müssen alte Erlebnisse gefühlsmäßig wiederbesetzen, sich z. B. damit auseinandersetzen, wie es für sie war, wenn in der Erziehung Drohungen und Angsterzeugung als Mittel eingesetzt wurden. Denn das ist bis heute immer noch die Quelle für das überwältigende und lähmende Gefühl, etwas falsch gemacht zu haben oder generell falsch zu sein, in das diese Menschen so leicht hineinrutschen.

In der Therapie dürfen sie sich die Frage stellen, ob es denn wohl gut war, auf solche Art und Weise mit einem Kind umzugehen. Ob sie selbst so mit einem Kind umgehen würden? Und vielleicht regt sich dann so etwas wie Mitleiden mit diesem Kind, das sie früher waren. Wirksam wird Therapie erst, wenn der jetzige Erwachsene beginnt, Wut darüber zu empfinden, wie damals mit ihm umgegangen wurde. Denn erst das gibt ihm die Kraft, als jetziger Erwachsener endlich etwas zu ändern. Endlich alte anklagende Stimmen zurückzuweisen und zu beginnen, ganz bewusst mit sich selbst aufbauender umzugehen als die Bezugspersonen damals. Bisher hatte er sich ja immer noch selbst nach deren Vorgaben behandelt!

Für Therapeutinnen und Therapeuten ist es eine große Freude, wenn sie miterleben dürfen, wie ein Mensch endlich versteht, dass es auch anders geht, ganz bewegt davon ist und beginnt, sich zu seinem Besten zu ändern. Der erste Schritt ist dabei immer, dass sich seine auf ihn selbst bezogenen Gefühle ändern.

Trotzdem, bei christlichen homosexuellen Patienten spielt auch die spirituelle Ebene eine wichtige Rolle. Auch wenn sie eine Therapeutin haben, mit der sie gut zusammenarbeiten können, und merken, dass sich in der Therapie etwas bewegt, melden sich doch immer wieder die Gewissensfragen: Ist das denn jetzt nicht menschliches Wunschdenken? Weiß ich denn nicht im Tiefsten, dass Gott mich verabscheut? Und dazu kann (oder will) meine Therapeutin mir ja nichts sagen.

Ein wesentlicher Punkt ist hier durchaus eine gründliche theologische Klärung. Auch diese bewirkt nicht plötzlich, sondern meist eher sehr allmählich eine Änderung. Zu tief sitzen die internalisierten Elternstimmen. Eine gute seelsorgliche Begleitung parallel zur Therapie kann sehr hilfreich sein. Auch in diesem Bereich gilt wie in der Therapie: Eine gute Wirkung wird nur zustande kommen, wenn sich der Ratsuchende wirklich ernst genommen und abgeholt fühlt. Das bedeutet im Fall der Seelsorge: Es nützen keine gut gemeinten allgemeinen Hinweise auf Gottes Liebe, sondern es ist eine echte, ehrliche und gründliche Auseinandersetzung mit allen auf Homosexualität bezogenen Bibelstellen erforderlich. Auf keine andere Weise kann für einen gläubigen Christen eine stabile neue Grundlage gelegt werden, auf die er sich gerade in Zeiten des Zweifels und erneuter Selbstanklagen beziehen kann.

Im nächsten Kapitel möchte ich versuchen, diese biblische Grundlagenarbeit in aller gebotenen Kürze zu leisten.

Gelegentlich kommt es in Therapien auch zu Änderungen der sexuellen Ausrichtung. Unserer Erfahrung nach findet das weit häufiger in Richtung Homosexualität statt als in Richtung Heterosexualität. Das liegt wohl im Wesentlichen daran, dass ein Coming-out, wie schon beschrieben, den Punkt des Zusammenbrechens einer neurotischen Abwehr markiert. In unserer Gesellschaft gibt es immer noch viel mehr Gründe, Homosexualität abzuwehren als Heterosexualität. Also wird seltener Heterosexualität die abgewehrte Neigung sein.

Trotzdem haben wir in der Klinik auch schon vereinzelt erlebt, meist bei homosexuell empfindenden jungen Männern, dass während der Therapiezeit zunehmend eine Öffnung für Heterosexualität entstand. Dabei war die sexuelle Orientierung gar nicht Thema der Therapie und die Betreffenden hatten auch keinen im Vordergrund stehenden Änderungswunsch. Solch eine Entwicklung kann beispielsweise bei folgender Ausgangskonstellation entstehen:

Der Betreffende hatte eine dominante, angsterzeugende und beherrschende Mutter und einen schwachen, nicht schützenden Vater, der keine Identifikation mit einer männlichen Rolle ermöglichte. In der Therapiezeit zeigt sich dann vielleicht, dass der Patient in den späteren wiederholten und immer wieder enttäuschenden Kontakten mit männlichen Partnern unbewusst eine männliche Identifikationsfigur suchte. Es ging also um den unbewussten Versuch, sein frühkindliches Defizit aufzufüllen, was allerdings auf diesem Wege nicht gelang.

In einer solchen Konstellation gälte es für den Betroffenen, an seine Wut über die dominante Mutter heranzukommen, die damals aus Angst vor Strafe nicht sein durfte, und ebenso seine Trauer und Wut darüber zuzulassen, dass der Vater ihn damals nicht schützte. Vielleicht kann er im Stationssetting die Erfahrung machen, dass Frauen auch ganz anders sein können als seine Mutter, und in diesem geschützten Raum relativ angstfrei neue Beziehungserfahrungen machen.

Änderung bedeutet in diesen Fällen nach unserer Erfahrung allerdings kein plötzliches »Umschlagen« in die andere Richtung, sondern eher ein Stück Bewegung auf dem Kontinuum der sexuellen Orientierung.

Es gibt gar nicht so selten auch Patientinnen und Patienten, bei denen die jetzige homosexuelle Neigung offensichtlich einen in früher Kindheit stattgefundenen traumatischen Hintergrund hat, also zumindest mit großer Wahrscheinlichkeit keine primäre Persönlichkeitsausprägung ist. So ist auf der Frauen-Traumatherapiestation unserer Psychotherapieabteilung, wo zahlreiche Frauen in ihrer Vorgeschichte fortgesetzte sexuelle Traumatisierungen und Gewalt durch Männer erleiden mussten, der Prozentsatz lesbischer Frauen um ein Vielfaches höher als in der Allgemeinbevölkerung. Das ist natürlich kein Zufall. Es dürfte nachvollziehbar sein, dass hier unter schlimmsten Umständen oft eine starke Aversion entstanden ist, sich jemals wieder sexuell mit dem anderen Geschlecht einzulassen. Insofern könnte man auch postulieren: Wenn eine Traumatherapie völlig erfolgreich wäre, könnte sich im Rahmen des Heilungsprozesses auch eine traumatisch erworbene sexuelle Neigung noch ändern. Aber das halte ich eher für einen theoretischen Gedanken. Es ist kein sinnvolles Therapieanliegen, diese inzwischen oft jahrzehntelang gewohnten, subjektiv als Halt gebend und positiv empfundenen Neigungen noch zu verändern, zumal sie ja mit konkreten gewachsenen Freundschaften und Beziehungen verbunden sind. Stattdessen bleibt in der Regel genug therapeutische Arbeit damit zu tun, die oft immer noch sehr mächtigen selbstdestruktiven Impulse und Gedanken in einem erträglichen Rahmen zu halten.

So weit einmal einige Gesichtspunkte aus therapeutischer Sicht.

Zusammenfassend lässt sich feststellen, dass die sexuelle Orientierung in der Regel in der Persönlichkeit eines Menschen verankert ist und nicht geändert werden kann. Es gibt durchaus gelegentlich Fälle von Änderung, und zwar meist in Richtung Homosexualität. Das liegt daran, dass, wie schon mehrfach gesagt, ein Coming-out den Zusammenbruch unbewusster Abwehr bildet und unsere Gesellschaft bis heute immer noch viele Gründe liefert, Homosexualität abzuwehren. Es gibt aber auch seltene Änderungen in Richtung Heterosexualität, falls der bisherigen sexuellen Ausrichtung überwiegend neurotische Ängste zugrunde lagen, die in der Therapie bearbeitet werden konnten. Eine Änderung der sexuellen Orientierung als Therapieziel miteinander abzusprechen, ergibt aus therapeutischer Sicht keinen Sinn. In den weitaus meisten Fällen ist eine Änderung nicht möglich und da, wo ein starker Änderungswunsch besteht, hat er in der Regel mit destruktiven internalisierten Ge- und Verboten zu tun. Letztere sollten dann Gegenstand der Therapie sein.

4. Kernfrage für gläubige Menschen: Was sagt die Bibel zur Homosexualität?

Die Kirche ist in der Geschichte immer wieder in der Gefahr gewesen, in vielen Fragen keine eigenständige, auf den christlichen Glauben gegründete Haltung zu entwickeln, sondern in ihren Aussagen nicht viel mehr zu sein als ein verdünnter Aufguss ohnehin herrschender gesellschaftlicher Strömungen. Meist zudem – immer etwas traditionalistisch – mit einigen Jahren Verspätung. Das schützt zwar vor Konflikten, lässt aber die Frage nach dem »Eigentlichen« der Kirche offen und macht entbehrlich. Heutzutage stimmen die Menschen mit den Füßen ab.

Diese Tendenz hat sich im Dritten Reich besonders negativ ausgewirkt. Wenn auch nicht alle mitgelaufen sind, so doch die weitaus meisten. Einige Verantwortungsträger haben sich immerhin anschließend entschuldigt.

Es gibt allerdings glücklicherweise auch positive Beispiele, wie die Rolle der Kirche in der Endphase der DDR, wo tatsächlich von der Kirche Impulse ausgingen. Dort bekam eine staatsunabhängige Botschaft von Freiheit und Wahrheit in der Kirche eine Heimat und löste dadurch eine ganz unvorhersehbar wichtige Bewegung aus.

In Bezug auf den Umgang mit Homosexualität drängt sich meines Erachtens leider die Frage auf: Warum hat da die Kirche so lange weithin keine eigene Aufmerksamkeit entwickelt, keine eigene Meinung gehabt? Erst Jahre nach dem Antidiskriminierungsgesetz nach und nach die Gleichstellung homosexueller Paare einzuführen, ist einmal wieder solch ein Mainstream-Nachhinken, wie wir es kennen.

Inzwischen sind sich die meisten evangelisch-landeskirchlichen Theologen einig darüber, dass eine Ausgrenzung Homosexueller theologisch selbstverständlich überhaupt nicht haltbar sei, und viele verlautbaren das auch sehr selbstbewusst so. Die Frage muss erlaubt sein: Warum ist die Kirche dann nicht schon vor 50 oder 100 Jahren darauf gekommen? Zum Beispiel, dass homosexuelle Menschen vor Gott so wertvoll sind wie alle anderen, und hat das deutlich gesagt? Warum hat niemand gesagt, dass es nicht angeht, dass ein Christ Schwulenwitze macht? Die Bibel und die Möglichkeit theologischer Arbeit gab es doch damals auch schon.

Leider bietet sich einmal wieder der Verdacht an, dass die jetzige Entwicklung in der Kirche keine eigenständige, aus theologischer Erkenntnis oder Gottesbegegnung heraus entstandene Haltung ist, sondern einmal mehr gesellschaftliche Anpassung.

Das genau ist auch der Vorwurf der meisten Freikirchen und Evangelikalen an die Landeskirchen.

Sie dagegen stünden auf dem Wort Gottes, nähmen die Bibel noch ernst und könnten sich daher auch nicht jeder neuen Strömung beugen. In Bezug auf Homosexualität sei die Meinung der Bibel nun einmal klar. Dahinter könne man auch nicht zurück.

Heutzutage wird in diesem Themenbereich meist ganz korrekt zuerst gesagt, dass der einzelne homosexuell empfindende Mensch selbstverständlich vor Gott wertvoll sei, im Gottesdienst willkommen usw. Aber dahinter steht die Erwartung: Dann sollte er sich aber auch bald ändern und mit Gottes Hilfe heterosexuell werden oder wenigstens zölibatär leben.

Dabei berufen sich die Betreffenden auf angeblich klare Bibelstellen, die sie allerdings meist lange nicht mehr oder noch nie tatsächlich in ihrer Bibel aufgesucht haben.

Bezüglich der meisten Evangelikalen entsteht der Verdacht, dass es sich eher um einen gefühlsmäßigen, anerzogenen Unwillen, eben das genannte Tabu handelt, als um eine eigenständige, in unabhängiger Auseinandersetzung mit der Bibel erworbene Einstellung.

Auch wenn immer wieder betont wird, dass die Bibel alleinige Grundlage des christlichen Glaubens sei.

Insofern möchte ich Sie jetzt genau dazu einladen, diese oft pauschal zitierten Bibelstellen einmal anzuschauen.

Dabei fällt zuerst auf: Es sind gar nicht viele. Es sind sogar verschwindend wenige.

Eigentlich nur fünf.

Davon stehen zwei in den Büchern Mose und drei in Paulusbriefen.

Zuerst die beiden Mose-Stellen.

3. Mose 18,22:
»Du sollst nicht bei einem Mann liegen wie bei einer Frau; es ist ein Gräuel.« (hebr.: tow'ebah, Luther 2017)

3. Mose 20,13:
»Wenn jemand bei einem Manne schläft wie bei einer Frau, so haben sie beide getan, was ein Gräuel ist, und sollen des Todes sterben; ihre Blutschuld komme über sie.« (Luther 2017)

Das ganze 3. Buch Mose, der Levitikus, ist kein Geschichtsbuch, sondern enthält im Wesentlichen Anweisungen, wie sich das Volk Israel zu verhalten hat, also Gebote.

Diese beiden Stellen sind einem besonderen Teil davon entnommen, dem sogenannten Heiligkeitsgesetz (3. Mose 17–26). Dieses handelt davon, auf welche Weise sich dieses Volk Israel miteinander und insbesondere im Umgang mit Gott zu verhalten habe, also auch in Bezug auf religiöse Riten und Opfer. Insgesamt geht es darum, wie das einzelne Mitglied dieses herausgerufenen Volkes kultisch Reinheit erlangen kann.

Die genannten Bibelstellen stehen in einer langen Reihe von Verhaltensanweisungen, wo vielfach von »Gräuel vor dem Herrn« die Rede ist, also bestimmte Handlungsweisen als absolut gottlos gekennzeichnet werden.

Wer diese Stellen zufällig aufschlägt, nicht weiter von der Frage betroffen ist und sich bisher nicht besonders mit der Bibel beschäftigt hat, könnte sagen: Okay, das ist ja deutlich, Gott verbietet also offensichtlich homosexuellen Geschlechtsverkehr bei Männern.

Dazu gibt es allerdings mindestens zwei wichtige Anmerkungen.

1. Es ging im alten Israel praktisch immer um verheiratete Männer. Das fädelten die Eltern frühzeitig für ihre Kinder

ein. Wenn hier von Geschlechtsverkehr unter Männern die Rede ist, dann geht es nicht etwa um eine homosexuelle Partnerschaft, sondern in der Regel um Ehebruch – diesmal mit dem eigenen Geschlecht. Auch den anderen erniedrigende Übergriffe im Sinne von Missbrauch oder Gewaltanwendung gehören dazu. Analog zu heterosexuellem Ehebruch stand auch hierauf die Todesstrafe. Ebenso auf sexuelle Übergriffe in der eigenen Familie, Sexualität mit Tieren, Wahrsagerei, Kinderopfer und Götzendienst, die in demselben Heiligkeitsgesetz aufgeführt werden.

Eine liebevolle, gleichberechtigte und dauerhafte Partnerschaft unter Männern war zur Zeit des Mose kulturell völlig undenkbar. Deshalb ist davon auch nicht die Rede. Stattdessen geht es um homosexuell getönten Ehebruch oder den anderen erniedrigende Übergriffe.

Aus heutiger Sicht wirken viele der mosaischen Gesetze sehr hart und archaisch. Und das sind sie ja auch im wahrsten Sinne des Wortes. Weit älter als das, was wir in Griechenland die archaische Periode nennen. Aber diese Gesetzgebung war erstmalig ein Rahmen, in dem ein großes Volk zusammenleben konnte. Ohne Angst vor jederzeitigem Überfall durch neidische Nachbarn, vor Vergewaltigung, vor Übergriffen jeder Art. Auch ohne Angst vor übermäßiger Rache. »Zahn um Zahn« bedeutet: Ja, einen Zahn, aber nicht mehr. Auch eine Seuchengefahr wurde sehr reduziert. Viele der Gesetze beschäftigen sich mit Hygienevorschriften. Aber eben auch der Schutz der Familie ist ein hohes Gut in den mosaischen Gesetzen. Ausbrüche aus dieser verbindlichen Form des Zusammenlebens werden streng geahndet.

2. Aus christlicher Sicht haben diese Gesetze keine Geltung mehr für uns. Das wird im Neuen Testament ausführlich und wiederholt erklärt. Menschen haben nie das ganze Gesetz des Mose einhalten können, so gut es auch gemeint war und so gut sie es auch meinten. Alle haben hier und da dagegen verstoßen. Es ist nicht möglich, durch hundertprozentige Einhaltung moralischer Maßstäbe eine Heiligkeit vor Gott zu erreichen.

Der Kern des Evangeliums ist, dass Christus die Erfüllung des Gesetzes ist. Er hat die Schuld der Menschen ein für alle Mal auf sich genommen und das Gesetz erfüllt. Anhänger Jesu, Christen, sind frei. Jesus hat ihr Verhältnis zu Gott ein für alle Mal in Ordnung gebracht. Sie brauchen das nicht mehr selbst durch die Einhaltung der zahllosen alttestamentlichen Gebote zu versuchen.

Und sehr viele der mosaischen Gebote haben wir auch noch nie auf uns bezogen; wir denken gar nicht daran. So ist in derselben Aufzählung wenig weiter (3. Mose 20, 18) ebenso streng verboten, sexuellen Kontakt mit einer menstruierenden Frau zu haben. Darauf steht ebenfalls für beide die Todesstrafe.

Und wie viele Reinheitsgebote gibt es noch! Jungen müssen bald nach der Geburt beschnitten werden, alles Mögliche darf nicht gegessen werden usw., usw.

Ich finde es intellektuell tatsächlich ziemlich unredlich, willkürlich eines dieser zahlreichen Reinheitsgebote herauszugreifen, um es in unserer Zeit auf eine Gruppe von Menschen anzuwenden. Bei solch einem Vorgehen scheint es eher darum zu gehen, ein schnelles und auf den ersten Blick schlagkräftiges Pseudoargument zu nutzen, um vorbestehende dumpfe

Antipathie zu rechtfertigen. Im Bereich des Glaubens sollten wir nicht in dieser Art miteinander umgehen.

Jetzt gibt es aber auch noch drei neutestamentliche Stellen. Die rücken uns als Christen per se ja schon erheblich näher. Alle stehen in Paulusbriefen.

Allerdings dürften zwei von den dreien in der heutigen Zeit wenig Diskussionsstoff liefern, wenn man sie versteht wie die meisten Bibelübersetzer, nämlich dass es dort um Sexualkontakte mit minderjährigen Jungen geht.

Beide kommen in den sogenannten Lasterkatalogen vor, wo Paulus aufzählt, welche Menschen sich in Gottesferne befinden.

1. Kor. 6,9-10:
»Oder wisst ihr nicht, dass die Ungerechten das Reich Gottes nicht ererben werden? Täuscht euch nicht! Weder Unzüchtige noch Götzendiener noch Ehebrecher noch Lustknaben (griechisch: malakoi) noch Knabenschänder (griechisch.: arsenokoitai) noch Diebe noch Habgierige noch Trunkenbolde noch Lästerer noch Räuber werden das Reich Gottes ererben.« (Luther 2017)

und

1. Timotheus 1,8-11:
»Wir wissen aber, dass das Gesetz gut ist, wenn es jemand recht gebraucht, weil er weiß, dass dem Gerechten kein Gesetz gegeben ist, sondern den Ungerechten und Ungehorsamen, den Gottlosen und Sündern, den Unheiligen und Ruchlosen, den Vatermördern und Muttermördern, den Tot-

schlägern, den Unzüchtigen, den Knabenschändern (arsenokoitai), den Menschenhändlern, den Lügnern, den Meineidigen und wenn noch etwas anderes der heilsamen Lehre entgegensteht, nach dem Evangelium von der Herrlichkeit des seligen Gottes, das mir anvertraut ist.« (Luther 2017)

Gerade in den letzten Jahren ist ja stark in die öffentliche Wahrnehmung geraten, welche katastrophalen Folgen pädophile Übergriffe oder auch Prostitution im Jugendalter auf die Betroffenen und ihre weitere Entwicklung haben. Ich denke, wenn Paulus hier deutlich sagt, so etwas hat in der Gemeinde keinen Platz, wird ihm in unserer heutigen Gesellschaft kaum jemand widersprechen, ganz unabhängig von seiner jeweiligen Religiosität.

Die Situation zur Zeit des Paulus war allerdings anders als heute. In der Hafenstadt Korinth waren alle Formen von Prostitution zu Hause und es bestand durchaus keine allgemeine öffentliche Problemwahrnehmung in Bezug auf sexuelle Ausbeutung Minderjähriger. Insofern handelt es sich hier um eine durchaus mutige und eigenständige Bewertung.

Was aber klar ist, denke ich: So verstanden helfen diese beiden Stellen als Beitrag zu einer allgemeinen biblischen Bewertung der Homosexualität in keiner Weise weiter.

Allerdings möchte ich auch anmerken, dass es durchaus eine fachlich-theologische Diskussion darüber gibt, wie denn diese beiden Wörter »malakoi« und »arsenokoitai« verstanden werden sollten. Auch wenn sich die klassischen, texttreuen Übersetzungen wie Lutherübersetzung, Einheitsübersetzung und die Elberfelder Bibel darüber einig sind, dass es hier um homosexuelle Kontakte mit männlichen Jugendlichen geht, dann gibt das eine Analyse dieser Worte nicht unbedingt her. Das Wort »arsenokoitai« gibt es im säkularen Griechisch gar nicht, sodass es von daher nicht in verschiedenen Kontexten aufzufinden und in seiner Bedeutung sicher einzuordnen ist. Die wahrscheinlichste Bedeutung ist: Männer, die Männer penetrieren, also eine gewohnheitsmäßig aktive Nutzung sexueller Angebote.

»Malakoi« bedeutet wörtlich »die Weichen«. Aller Wahrscheinlichkeit nach sind damit Männer gemeint, die sich von anderen penetrieren lassen, sich also im Rahmen homosexueller Prostitution zur Verfügung stellen.[11] In diesen wahrscheinlichen Grundbedeutungen ist also nicht unbedingt eine Minderjährigkeit der Prostituierten enthalten, auch wenn die »Lustknaben« aus der Antike bekannt sind und deshalb die klassischen Bibelübersetzungen von dieser Bedeutung ausgehen. Was aber auch für diese allgemeineren Bedeutungen deutlich wird: Es geht hier um Prostitution mit festgelegten Rollen. Höchstwahrscheinlich mit promiskuiti-

---

[11] Im Standardwörterbuch zum Neuen Testament von Walter Bauer (Bauer, W.: Wörterbuch zum Neuen Testament. De Gruyter, Berlin/New York, 1971) wird »arsenokoites« (hier Singular) übersetzt mit: »jmd., der mit Männern und Knaben Unzucht treibt; der Knabenschänder, der Päderast«. Als Quelle wird außer den genannten Bibelstellen noch der Polykarpbrief, 5,3 erwähnt. »Malakos« (hier ebenfalls Singularform) wird zum einen für weiche Dinge, insbes. in der Bedeutung »weiche Gewänder« benutzt; auf Personen bezogen wird die Bedeutung wiedergegeben als »weichlich, besonders von Lustknaben, Männern und Jünglingen, die sich missbrauchen ließen«. Hier werden auch säkulare Quellen als Beleg angeführt.
Die Wuppertaler Studienbibel, Korinther-Kommentar von Werner de Boor, ordnet beide Ausdrücke ebenfalls der »griechischen Knabenliebe« zu und grenzt das ausdrücklich von heutiger Homosexualität ab. De Boor, W., Pohl, A. (Hg.): Wuppertaler Studienbibel, Brockhaus-Verlag Wuppertal und Brunnen-Verlag Gießen, 1989.

ven heterosexuell verheirateten Männern im aktiven Part. Auch diese Bedeutung würde sich nahtlos in die Lasterkataloge einfügen als Aufzählung evidenter Fälle von Gottesferne – die durch destruktiven Umgang mit sich selbst und anderen gekennzeichnet sind. Mit der uns hier beschäftigenden Frage nach einer biblischen Beurteilung der Homosexualität an sich hat dieser Text jedenfalls auch in dieser Lesart nichts zu tun.
Für Verwirrung sorgen können hier einige moderne Übersetzungen, die sich der besseren Lesbarkeit halber häufig recht weit vom Grundtext entfernen. Das hat oft Vorteile – viele Bibeltexte erscheinen damit eingängig und unmittelbar verstehbar – manchmal aber auch einen großen Nachteil: Es kann zu echten Missverständnissen führen, wenn man diese Übersetzungen dann wiederum wörtlich nimmt. So fasst die ansonsten von mir geschätzte Neue Genfer Übersetzung diese beiden Beschreibungen von Männern mit von Paulus als lasterhaft gekennzeichneten sexuellen Gewohnheiten ganz locker mit dem einen Begriff »homosexuelle Beziehungen« zusammen. Das ist so, als ob man analog den regelmäßigen Besuch von Bordellen mit weiblichen Prostituierten als »heterosexuelle Beziehungen« bezeichnen würde. Das ist zwar sogar richtig, aber das Raster ist viel zu grob, um überhaupt einen Sinn zu ergeben. Ebenso müsste dann analog der Punkt zuvor im selben Lasterkatalog, der Ehebruch, mit »heterosexuelle Beziehung« übersetzt werden. Ich hoffe, ich konnte dieses Verwirrspiel etwas auflösen.

Jetzt bleibt noch eine Bibelstelle übrig, und zwar aus dem Römerbrief. Dieser Brief ist Grundbestandteil aller christlichen Theologie. Er bildet eine mächtige Gesamtschau der christlichen Heilsgeschichte und ist in seiner Bedeutung kaum zu überschätzen. Dort finden wir jetzt also diese Textstelle gleich im ersten Kapitel.

Der Kontext ist: Die wenig rühmliche Situation der Menschheit wird als selbst verschuldet beschrieben. Die Menschen hätten Gott in seiner großartigen Schöpfung erkennen können, stattdessen wandten sie sich aber selbst hergestellten Götzen zu. So habe Gott sie »dahingegeben«, genau das miteinander zu machen, was in ihren unreinen Herzen sei.

Ich zitiere die *Verse 26 und 27:*

»Deswegen hat Gott sie dahingegeben in schändliche Leidenschaften. Denn ihre Frauen haben den natürlichen Verkehr in den unnatürlichen verwandelt, und ebenso haben auch die Männer den natürlichen Verkehr mit der Frau verlassen, sind in ihrer Begierde zueinander entbrannt, indem die Männer mit Männern Schande trieben, und empfingen den gebührenden Lohn ihrer Verirrung an sich selbst.« (Elberfelder Bibel)

Es folgt dann in den Ausführungen des Paulus zu diesem Thema »Dahingegebensein« noch eine lange Liste, wie Menschen sich gegenseitig mit Bosheiten beeinträchtigen, sich gegenseitig quälen und das Leben zur Hölle machen. Obwohl sie es besser wüssten, täten sie es nicht nur selbst, sondern hätten auch »Wohlgefallen« an denen, die es tun.

Also lauter Beispiele dafür, was passiert, wenn Menschen Gott absichtlich ignorieren.

Um diesen Abschnitt richtig einzuordnen, ist es wichtig, sich Folgendes klarzumachen.

Es ist überhaupt nicht die Intention des Paulus, eine grundsätzliche Aussage zur Homosexualität zu machen. Es geht ihm um etwas anderes. Der Grundgedanke dieses Abschnitts ist: Wenn Menschen Gott ignorieren, seine großartige Schöpfung sehen und sich dann trotzdem irgendwelche kleinen Götzen schnitzen und diese verehren, wenn sie einfach weggucken vor der Tatsache, dass sie mit Zeugnissen seiner Existenz umgeben sind, dann kommt irgendwann der Zeitpunkt, wo Gott sie sich selbst überlässt. Er überlässt sie sich selbst und ihrem Willen, von ihm wegzuschauen. Er gibt sie ihren eigenen Leidenschaften dahin, wie es hier heißt, ihren Begierden.

Und hier sucht Paulus jetzt ein Beispiel, mit dem er seinen Lesern in Rom, an die dieser Brief gerichtet war, möglichst deutlich machen kann, was passiert, wenn Menschen ihren Leidenschaften überlassen sind. Da fallen ihm römische Orgien und Exzesse ein. Römer waren damals, genauso wie Juden, in aller Regel verheiratet und hatten Familie. Das hinderte viele aber nicht daran, sich promiskuitiv zu verhalten. Und, wie hier angeführt, zur Abwechslung und Luststeigerung auch homosexuellen Sex in das Programm aufzunehmen.

Ein gut sozialisierter Mensch mit jüdischem Hintergrund wie Paulus konnte da nur noch den Kopf schütteln. Offensichtlich ging er davon aus, dass er mit diesem Beispiel am schnellsten seine Leser davon überzeugen konnte, dass es schon wirklich verrückt war, worauf Menschen verfielen, wenn sie völlig losgelöst von Gott ihren Begierden überlassen waren. Immer neue Reize müssen erfunden und ausprobiert werden.

Die offensichtlich verbreiteten Geschlechtskrankheiten sah Paulus zusätzlich als konsequente Folge einer promiskuitiven Lebensweise. Was ja auch nicht ganz falsch ist.

Ich nehme jedenfalls an, dass der Schluss eine Anspielung darauf ist: »... und empfingen den gebührenden Lohn ihrer Verirrung an sich selbst.« (Römer 1,27, s.o.)
Ich weiß nicht, wie es Ihnen mit diesem Vers geht. Ich finde die Argumentationslinie des Paulus ziemlich einleuchtend. Es ist schon erschreckend, was sich Menschen alles ausdenken, wenn sie Beziehung und Liebe durch Lust ersetzen müssen. Natürlich haben wir heute keine römischen Orgien vor Augen, aber mir fallen z. B. vereinsamte Computer-Pornografiesüchtige ein, die auch immer stärkere Reize brauchen, um wenigstens noch ein bisschen Lust empfinden zu können. Solche destruktiven Entwicklungen können in der Beobachtung wehtun.

Und dieses Leiden daran, dass sich so viele Menschen in Sackgassen verirrt haben, dass so viele Menschen voller Lebenssehnsucht angetreten sind und sich jetzt gegenseitig quälen und die Gier als Antrieb übrig geblieben ist – genau dieses Leiden motiviert Paulus, so vielen, wie er nur kann, die »Gute Nachricht« von der Erlösung zu bringen.

Es geht Paulus im Römerbrief nicht darum, sich über Menschen zu erheben oder sie zu verurteilen. Es geht um etwas ganz anderes. Es geht ihm darum, dass die Botschaft von Beziehung und Liebe, die Jesus in die Welt gebracht hat, für alle, wirklich alle Menschen gilt. Ganz egal, auf welchen Irrwegen sie vielleicht gerade unterwegs sind. Und dass dieser Geltungsbereich auch ohne Zweifel bis ins damals sehr ferne und mächtige Rom reicht.

Was aber auch deutlich ist: Dieser Vers hat überhaupt nicht die Intention, eine ethische Grundaussage über Homosexualität zu machen.

Stattdessen macht er eine deutliche Aussage über promiskuitive Lebensweisen. Vielleicht noch über das Problem der Gier nach Lust bei Menschen, die den Sinn verloren haben.

Das deckt sich übrigens auch mit allem, was Jesus zu diesem Thema sagt. Er ging klar davon aus, dass eine lebenslange treue Ehe zwischen zwei Partnern das anzustrebende Ideal sei. Wiederholt warnt er vor Ehebruch, auch vor dessen Anbahnung. Damals waren es ja nur die Männer, die ihren Frauen Scheidungsbriefe geben durften. Umgekehrt nicht. Für die sitzen gelassene Frau bedeutete das in der Regel Armut und soziale Ächtung.

Jesus betont, dass es für einen Mann, der mit Gott leben wolle, keine Option sei, so mit seiner Frau umzugehen.

Eine Frage stellte sich in neutestamentlicher Zeit allerdings nicht. Das Neue Testament fragt nicht danach, ob es denn möglich sei, dass Menschen gleichen Geschlechts eine verbindliche Ehe eingehen könnten. Das war außerhalb des damals Denkbaren. Zumal alle normalen Bürger schon ganz früh unter starker Mitwirkung ihrer Eltern heterosexuell verheiratet wurden. Das Zeitalter der Romantik, wo Menschen die Liebesheirat zur Norm machten, lag noch sehr weit in der Zukunft.

Zu dieser Frage einer homosexuellen Partnerschaft wird deshalb auch nirgends in der Bibel etwas gesagt.

Der zitierte Text aus Römer 1 enthält allerdings schon noch einen Stolperstein. Es gibt eine eindeutige Aussage darüber, was »natürlich« und was »unnatürlich« sei. Darauf möchte ich gleich im nächsten Kapitel eingehen.

5. Und was ist mit der Schöpfungsordnung?

Die Argumentation des Paulus in Römer 1 enthält, wenn auch nebenbei, eine Aussage, die wir nicht übergehen dürfen. Er bezeichnet heterosexuellen Sex als natürlich und homosexuellen als unnatürlich.

Damit sind wir jetzt bei der letzten wichtigen Frage in diesem Zusammenhang angelangt, der Frage nach der »Schöpfungsordnung«.

Das ist ein Begriff, auf den sowohl evangelikale als auch katholische Theologen verweisen.

In 1. Mose 1,27, ganz am Anfang der Bibel, steht: »Gott schuf den Menschen nach seinem Bild, nach dem Bild Gottes schuf er ihn: als Mann und als Frau schuf er sie.«

Im Vers danach dann: »Seid fruchtbar und mehrt euch!«

Und in 1. Mose 2,24: »Darum wird ein Mann seinen Vater und seine Mutter verlassen und seiner Frau anhangen und sie werden ein Fleisch sein.« (Luther 2017)

Im Neuen Testament dann ist ausschließlich von der heterosexuellen Einehe die Rede.

Das zusammenfassend, argumentieren nicht wenige Theologen, dass eine andere Form der Ehe nicht schöpfungsgemäß und damit ausgeschlossen sei.

Bei näherem Hinsehen hat dieses geschlossene Argumentationsgebäude aber erhebliche Lücken. In großen Teilen des Alten Testamentes wurde die Vielehe gelebt – auch von Menschen, die als großes Vorbild dargestellt werden. Dazu gehören Abraham, David und viele andere. Das würde schon einmal nicht zu dieser propagierten Schöpfungsordnung passen.

An einer anderen Stelle bricht Paulus dieses Konstrukt selbst auf: Er empfiehlt allen Menschen, die dazu in der Lage seien, gar nicht zu heiraten, um ganz für Gott da zu sein. Diese Lebensform ignoriert dann allerdings das Vermehrungsgebot aus 1. Mose 1,28, das schon so oft als Argument gegen gleichgeschlechtliche Partnerschaften angeführt wurde.

Der wichtigste Gesichtspunkt in diesem Zusammenhang ist aber noch ein anderer.

Jesus sagt in Matthäus 10,29, wo es um Gottes Souveränität geht:

»Denkt doch einmal an die Spatzen! Zwei von ihnen kosten nicht mehr als einen Groschen, und doch fällt kein einziger Spatz auf die Erde, ohne dass euer Vater es zulässt.« (NGÜ)

Die Aussage Jesu ist: Es passiert nichts, aber auch gar nichts auf der Welt, ohne dass Gott darüber entscheidet.

Jesus möchte seine Jünger mit diesem Vergleich ermutigen. »Seid darum ohne Furcht! Ihr seid mehr wert als eine noch so große Menge Spatzen«, fährt er fort.

Das hat jetzt für unser Thema eine ziemlich wichtige Implikation. Es bedeutet nämlich:

Wenn jemand homosexuell ist, dann ist das nicht aus Versehen passiert, sondern Gott hat es ausdrücklich zugelassen. Es sollte so sein. Gott hat es für diesen Menschen so gewollt.

Wie viel wichtiger ist die Identität eines Menschen als ein Spatz.

Ist das wirklich so? Gott soll sich für die konkrete Entwicklung einzelner Menschen verantwortlich fühlen? Es gibt starke Gegenargumente.

Wir leben in einer Welt, in der auf den ersten Blick sehr viel nicht mit dem Willen Gottes übereinstimmt. Es gibt eine Freiheit des Willens und der Entscheidung, die zum Guten wie zum Bösen genutzt werden kann. Und leider nutzen Menschen diese Freiheit und ihre Möglichkeiten oft dazu, sich auf Kosten anderer zu bereichern, andere Menschen und die sie umgebende Natur zu unterwerfen und auszubeuten. Andere müssen darunter leiden und haben manchmal wenig Möglichkeiten, destruktive Strukturen zu ändern, insbesondere, wenn sich ein repressives Regime erst einmal etabliert hat. Lebensgeschichten sind durch viele Faktoren geprägt, aber nicht unbedingt durch zuträgliche. In der Bibel wird dieser Zustand mit dem »Sündenfall« erklärt, einer frühen und grundsätzlichen Trennung der Menschheit von ihrem Schöpfer – verführt vom Bösen und gespeist aus dem Wunsch, selbst »wie Gott« zu sein.

So gibt es keine bruchlose Biografie auf dieser Erde. Jeder Mensch hat in seiner frühesten Kindheit, auch schon vor seiner Geburt, teilhaben müssen an der mehr oder weniger konflikthaften und inkonsistenten Persönlichkeit seiner Eltern. Auch wenn Eltern es meist gut mit ihren Kindern meinen, spüren diese deren Distanz zu sich selbst und ihrem Schöpfer, müssen ihre Entfremdung, Angst und Abwehr mittragen.

Von einer göttlichen Lenkung ist oft wenig erkennbar.

Und das weitere Leben findet auch in dieser Umgebung

statt; in einer Realität, die sich aus unzähligen mehr oder weniger glücklichen menschlichen Entscheidungen geformt hat. Wir werden in Zusammenhänge gezwungen, die wir uns nicht ausgesucht haben. Manche müssen in einer lateinamerikanischen Favela aufwachsen, andere in Kriegsgebieten und noch andere unter leistungsorientierten Helikoptereltern. Von diesen sehr unterschiedlichen Startbedingungen ausgehend hat der individuelle Mensch dann wiederum eine gewisse Freiheit zu Entscheidungen und Entwicklungen. Manchmal wird seine Existenz aber auch kurzerhand durch Krankheit oder Krieg vernichtet. Das alles ist weder gerecht noch sieht es im Entferntesten nach sinnvoller Steuerung aus. Im alten Griechenland, z. B. in den Dichtungen des Homer, findet sich als Antwort auf diese Gegebenheiten die Haltung, dass es das noch Bestmögliche sei, als Mensch die Willkür der Götter mit Würde zu tragen.

Jesus sah die Welt anders. Als Pharisäer ihn fragten, wann denn das Reich Gottes komme, also die im Glauben erwartete erlösende und gerechte Gottesherrschaft, sagte er: »Sehet, das Reich Gottes ist mitten unter euch«. (Lukas 17,21, Luther 2017)

Für ihn durchdringt die spirituelle Wirklichkeit Gottes unseren sichtbaren Alltag. Die Herrschaft Gottes ist angebrochen. Gleichzeitig ermutigt er dazu, sich dafür einzusetzen, dass sie anbricht – z. B. betend im Vaterunser. Aber auch auf ganz praktischer Ebene: Christen sollen »Licht« in ihrer Umgebung sein, dem Guten zur Geltung helfen, wo es nur geht. Gott werde sie Tag für Tag versorgen und ihnen selbst in schwierigsten Situationen die rechten Worte geben.

Gott sei an jedem einzelnen Menschen interessiert, selbst am letzten »verirrten Schaf«, lehrt Jesus und seine Jünger sind berufen, das aller Welt zu sagen.

Und dort, wo dieses Reich Gottes dann einen Menschen berührt, bringt es auf einmal einen neuen Sinn in seine Biografie. Ja, die Faktoren, die zum Gewordensein eines Menschen beigetragen haben, waren oft von »Sündenfall« geprägt, jeder Mensch hat auch ungute Prägungen erfahren, Entwicklungsmöglichkeiten nicht bekommen, Brüche erlebt. Aber in einer Gottesbeziehung wird selbst das, was vorher schwierig, einengend und schuldhaft war, zur wichtigen Lernerfahrung, zur Basis, auf welcher der neue Glaube Gestalt gewinnen kann. Der Lebensstil ändert sich oft erheblich, aber unter Nutzung all der erworbenen Erfahrungen und Ressourcen. Im Nachhinein gesehen hat Gott mit diesem konkreten Menschen schon immer etwas vorgehabt und ihn mit verschiedensten Lebens- und Lernerfahrungen genau dafür ausgerüstet. Wer sich aus diesem Blickwinkel wahrnimmt, versteht sich nicht mehr als Zufallsprodukt, sondern als Geschöpf Gottes, das dieser mit ganz individuellen Gaben ausgestattet hat.

In kurzer Form wird solch ein Perspektivwechsel in der Begegnung Jesu mit einem Blindgeborenen geschildert (Johannes 9,1 ff.). Seine Jünger gehen davon aus, dass irgendjemand schuld sein muss an einem solchen Unglück. Sie fragen Jesus: »Wer hat gesündigt: dieser oder seine Eltern, dass er blind geboren ist?« Sie wollen nachvollziehen, was denn da schiefgelaufen ist. Jesus antwortet ihnen aus der »Reich-Gottes-Perspektive«: Nein, es gehe gar nicht um Schuld, sondern darum, dass Gottes Wirken – jetzt – an diesem Mann offenbar werden solle! Für ihn und alle Anwesenden. Dann heilt Jesus den Blindgeborenen und er wird ein sehender, mutiger und überzeugter Nachfolger.

Sowohl Jesus als auch Paulus vermitteln, dass es ziemlich unwichtig sei, in welchem Beruf oder Sozialstatus ein Mensch sich befinde. Von jeder Basis aus könne man im vollen Sinne ein Kind Gottes werden und ihm in bester Weise dienen. Paulus geht sogar auf den Sklavenstatus ein. Wer frei werden könne, solle das gerne nutzen. Aber es gebe überhaupt kein Hindernis, auch als Sklave voll und ganz zum Reich Gottes zu gehören.

Schwer haben es, nach Jesus, eher Privilegierte und Reiche. Wer viel besitzt, klebt oft so stark daran, dass er sich nicht für die neue Erfahrung einer echten Gottesliebe öffnen kann.

Zurück zu unserem Ausgangspunkt. Bestimmt Gott das Weltgeschehen? Und dann noch in so hoher Auflösung, dass die »Spatzenebene« davon erreicht wird? Ja und nein. Nach christlichem Glauben befinden wir uns in einem Zwischenraum – nach Sündenfall und vor endgültiger Gottesherrschaft. In sichtbarer und unsichtbarer Welt gibt es ein unentwirrbar komplexes Geschehen divergierender Wünsche und Kräfte, basierend auf Willensfreiheit, bösen Mächten und der Gottesbeziehung.

Aber gleichzeitig gilt: Menschen können sich Gott zuwenden. Und sie werden dann feststellen, dass er ihnen schon immer nachgegangen ist. Dass ihre Lebensgeschichte im Rückblick einen tiefen Sinn bekommen hat, so wie sie bisher gelaufen ist, auch wenn das damals überhaupt nicht erkennbar war. Für dieses Phänomen haben frühere Christen den Spruch geprägt: Gott schreibt auch auf krummen Linien gerade. Wer mit Gott lebt, kann auch viel eher einen Sinn in neuen Entwicklungen sehen. Sie bringen ihn weiter und werden nicht nur zur Welt-, sondern immer gleichzeitig zur Gotteserfahrung. Im Römerbrief wird uns versichert: »Wir wissen aber, dass denen, die Gott lieben, alle Dinge zum Guten mitwirken« (Römer 8,28, Elberfelder).

Vielleicht hilft hier das Bild vom Mosaik. Ein Mosaik wird aus sehr vielen zusammenhanglosen Steinchen hergestellt. Jeder dieser kleinen Steine hat seine eigene Geschichte, bekam in langwierigen geologischen Prozessen seine Farbe und Struktur und erreichte schließlich durch Gewalteinwirkung die jetzige kleine Größe. Ganz überwiegend sinnlose, zufällige Prozesse. Der Mosaikkünstler sucht jetzt aber Steinchen heraus, die genau dorthin passen, wo er sie anbringt. Er schafft eine Sinnstruktur höherer Ordnung. Auf einmal hat dadurch auch die spezifische Gestalt jedes Steinchens einen Sinn. Das unschöne, krumme, schwarze Ding ist vielleicht gerade das Stück, das zum Abschluss der Augenbraue noch fehlte – um ein wunderschönes Bild entstehen zu lassen.

So greifen auch im christlichen Glauben zwei Welten ineinander: auf der einen Seite das von Naturgegebenheiten und oft fehlgeleiteten menschlichen Willensentscheidungen angerührte Konglomerat unserer Welt und auf der anderen Gottes Plan, der jeder Einzelheit ihren Sinn zuweist und die Dinge so zusammenfügt, dass sein Wille geschieht.

Eines der bekanntesten Zeugnisse von diesem größeren Überblick Gottes und der menschlichen Auseinandersetzung mit der Absurdität des Seins ist die Hiobsgeschichte, die ich deshalb hier erwähnen möchte.

Dieses Buch der Bibel handelt über große Strecken vom

Leid des Hiob, das für ihn sinnlos und unverständlich ist. Er hat alles verloren, selbst seine Kinder, und ist schwer krank. Drei Freunde kommen zu Besuch, später gesellt sich ein weiterer hinzu. Sie versuchen, Hiob auf ihre Weise vernünftige Deutungen für sein Ergehen zu geben. Insbesondere kommt es ihnen darauf an, Gott zu verteidigen, der schon einen Grund habe, so mit Hiob umzugehen. Damit meinen sie aber einen innerweltlichen Grund, der für Hiob, wenn er nur bereit wäre, sich darauf einzulassen, auch verstehbar wäre. Hiob tut ihnen leid, aber er erscheint ihnen auch extrem verstockt. Wie kann er nicht einsehen, dass Gott ihn belehren will?!

Der Leser dieser großartigen, uralten geistlichen Dichtung weiß allerdings von Anfang an, dass es kein innerweltliches Bedingungsgefüge für Hiobs Leid gibt, weil er den »Prolog im Himmel« gelesen hat. Dort wird deutlich, dass hier absichtlich gerade ein Mann ausgesucht wurde, bei dem kein Anlass für irgendeine göttliche Erziehungsmaßnahme bestand. Stattdessen hat das, was sich auf der Erde bei diesem kleinen, brüchigen Menschen Hiob und in seinem Leid abspielt, eine kaum zu überschätzende Bedeutung in der spirituellen Welt. Es geht um nichts Geringeres als die Frage, ob es denn möglich sei, dass ein Mensch Gott die Treue hält. Der Versucher glaubt nicht daran. Er glaubt nicht an Beziehungen, die bestehen bleiben können, ohne dass man etwas davon hätte. Gott glaubt daran – und behält recht.

Er glaubt an Hiob, wie der an ihn glaubt. Dadurch, dass die Hiob-Erzählung diesen transzendenten Überbau der Geschichte einblendet, erfüllt sie dieses menschliche Leid mit einem tiefen Sinn. Das, was oberflächlich betrachtet so erbärmlich, unscheinbar, vielleicht abstoßend aussieht, ist in

Wirklichkeit der Punkt, an dem sich ein wunderbarer Sieg Gottes in der unsichtbaren Welt manifestiert. Hiob erringt diesen Sieg für Gott. Es ist der Sieg der Beziehung über Misstrauen und Egoismus. Diese Sichtweise hat schon unzähligen Menschen, die selbst in Leid gerieten, großen Trost gegeben. Und es ist im Grunde eine prophetische Vorwegnahme dessen, was sich Jahrhunderte später im Sterben Jesu ereignen soll: Erniedrigung, Verächtlichmachung und Leid des Gerechten werden zum geistlichen Dreh- und Angelpunkt der Welt.

Die Freunde Hiobs werden ausdrücklich ins Unrecht gesetzt. Innerweltlich gesehen, sind es weise Männer. Und auch sehr anständige Freunde, die immerhin eine ganze Woche schweigend bei Hiob sitzen, bevor sie beginnen zu reden. Aber am Ende muss Hiob für sie im Rahmen eines Opfers Fürbitte tun, um sie zu entsündigen. Was war ihre Sünde? Dass sie Gott erklärbar machen wollten. Sie waren nicht in der Lage, sich einzugestehen, dass Gott größer ist als ihre Gedanken, dass er souverän ist und dass ihr menschlicher Verstand ihn niemals umfassen und begreifen kann. Gott wäre nicht Gott, wenn Menschen ihn begreifen könnten.

Ein Christ darf davon ausgehen, dass es eine geistliche Dimension gibt, die diese unsere Welt umgibt. Und er kann darauf vertrauen, dass Gott Gerechtigkeit herstellen wird – in jeder Beziehung und für jeden Menschen. Aber viele Fäden seines großen, komplizierten Gewebes, das wir unsere Welt nennen, reichen weit hinüber in seine Ewigkeit. Wir sehen nur ein wenig davon und haben nicht viel Überblick.

In Jesaja 55,9 steht: »So viel der Himmel höher ist als die Erde, so sind auch meine Wege höher als eure Wege und meine Gedanken als eure Gedanken« (Luther 2017).

Im Alten und Neuen Testament wird auch das Bild vom Töpfer und Ton benutzt:

»Wehe dem, der seinen Schöpfer anklagt! Er ist doch in Gottes Augen nicht mehr als ein Tonkrug unter vielen anderen. Fragt denn ein Tonklumpen den Töpfer: ›Was tust du da mit mir?‹ Oder macht er sich lustig und sagt: ›Mein Meister hat zwei linke Hände‹?« (Jesaja 45,9, nach Hoffnung für alle).

Eine besondere Zumutung an menschliches Gerechtigkeitsempfinden ist die Stelle aus Römer 9,21 ff.:

»Was bildest du dir ein? Du bist ein Mensch und willst anfangen, mit Gott zu streiten? Sagt etwa ein Gefäß zu dem, der es geformt hat: ›Warum hast du mich so gemacht, wie ich bin‹? Hat der Töpfer nicht das Recht, über den Ton zu verfügen und aus ein und derselben Masse zwei verschiedene Gefäße zu machen – eines für einen ehrenvollen Zweck und eines für einen weniger ehrenvollen Zweck?« (NGÜ)

Gott entscheidet souverän darüber, was er schafft und wie er es schafft. Und wir Menschen haben – laut Bibel zumindest – kein Recht, mit ihm darüber zu hadern. Auch nicht darüber, ob es wohl angehe, dass Gott von seiner eigenen Schöpfungsordnung abweiche.

Aus Sicht des Glaubens, so wie Jesus ihn vorstellt, kann man festhalten: Wenn ein Mensch homosexuell ist, hat Gott ihm diese Eigenschaft als Gabe und Aufgabe mit auf den Lebensweg gegeben. Wie anderen ihre Heterosexualität.

Kein Mensch hat das Recht, sich selbst in seinem Geschaffensein abzulehnen. Und erst recht hat kein Mensch das

Recht, einen anderen in seinem Geschaffensein abzulehnen.

Wir sind dazu berufen, die Talente, die Gott in uns hineingelegt hat, verantwortungsvoll, kreativ und fröhlich auszuleben. Jeder von uns. Zur Ehre Gottes und zum Besten unserer Nächsten.

Jesus sagt, dass es drei Instanzen gibt, die wir nicht nur irgendwie akzeptieren, sondern die wir lieb haben sollen, lieben sollen: Gott, uns und unsere Mitmenschen.

Welche Gestalt dieses Leben als homosexuell empfindender Mensch dann konkret gewinnen wird, ist eine Frage, die damit noch nicht beantwortet ist. Es kann aber nur dann eine gute Gestalt gewinnen – und das gilt sowohl aus geistlicher als auch aus therapeutischer Sicht –, wenn ein Mensch versteht: Gott hat mich gewollt und geschaffen. Er findet es richtig, dass ich so bin, wie ich bin. Es gibt einen Platz in Gottes Welt genau für mich, eine Stelle, wo ich im großen Mosaik gebraucht werde. Wie viele christliche homosexuelle Menschen können genau das im Tiefsten nicht annehmen.

Ich halte diesen Punkt für entscheidend wichtig, dass Gott souverän ist und wir akzeptieren müssen und dürfen, dass er uns so geschaffen hat, wie wir sind. Seine Schöpfung geschieht über Genetik, Epigenetik und die Gesamtheit der Lebenserfahrungen. All das trägt dazu bei, dass wir sind, wie wir sind. All das ist sein Plan.

Ich darf Gott dafür preisen, dass er mich wunderbar geschaffen hat (Psalm 139,14).

Dass seine tiefen Gedanken für dieses Stück Welt, in dem ich lebe, in meiner Person Gestalt gewonnen haben. Dass ich damit eine wunderbare Berufung habe.

6. Wie darf ein homosexuelles Leben in der Gemeinde aussehen?

Wir kommen jetzt zur konkreten Lebensgestalt. Der Mainstream in charismatischen und evangelikalen Gemeinden in Deutschland und den meisten europäischen Ländern ist heutzutage: Homosexuell zu empfinden, ist an sich noch keine Sünde, aber es ist wichtig, sich jeder homosexuellen Praxis zu enthalten. Selbstverständlich sei man gegen jede Art von staatlicher Sanktion. Ähnlich wird es auch in der katholischen Kirche gesehen.

Das ist allerdings schon ein erheblicher Wandel! Vor einigen Jahrzehnten waren noch sehr viele Christen gegen eine Abschaffung des Paragrafen 175, also für eine staatliche Bestrafung homosexueller Handlungen. Dass sich in unserem Land inzwischen die Haltung der Christen doch so deutlich im Vergleich zur Vergangenheit geändert hat, wurde aber nie näher begründet und meines Wissens hat sich auch niemand die Mühe gemacht, diese doch eklatante »Liberalisierung« der vorher festgefügten Front zu rechtfertigen. Weder in den evangelischen Freikirchen noch in den Landeskirchen. Es geschah einfach. Ich vermute, dass es dabei um nichts weiter ging als um ein ziemlich naives, unbemerktes Mitschwimmen im Zeitgeist. Ein starker Hinweis darauf, dass es so ist, liegt in der Tatsache, dass weltweit in fast allen Ländern (es sind noch viele), in denen staatlicherseits Homosexualität unter Strafe steht, auch die Christen diese Haltung stützen und gut finden.

In einigen konservativen Gemeindebünden, z. T. auch Einwanderergemeinden, die in Deutschland immerhin Zigtausende Mitglieder zählen, ist die Lehrmeinung übrigens weiterhin, dass Homosexualität generell Ausdruck von Sünde sei.

Aber schauen wir uns ruhig einmal die zeitgenössische gemäßigte evangelikale Richtung an. Da dürfen homosexuelle Menschen also Gemeindemitglieder werden, aber es wird selbstverständlich ein zölibatärer Lebensstil von ihnen erwartet. Außerdem sind sie oft von bestimmten Aufgaben und Leitungsfunktionen ausgeschlossen. Am besten geht es noch, wenn sie sich nicht outen. Aber das ist natürlich nur äußerlich. Sie müssen die Kämpfe dann innerlich durchstehen. Viele gehen schließlich frustriert. Es gibt noch immer keinen wirklichen Platz für Schwule und Lesben in frommen Gemeinden.

Das empfinden inzwischen auch einige der Verantwortungsträger im evangelikalen Bereich – manche sogar sehr deutlich.

Auf der einen Seite gibt es noch viele »Hardliner«, die in der Art ihrer Äußerungen sehr schnell jeden homosexuellen Christen und überhaupt jeden homosexuellen Menschen verletzen und verprellen. Darum gibt es in ihren Gemeinden auch keine. Für außenstehende Beobachter ist ein aggressiver, diskriminierender Unterton dabei unüberhörbar. Für die Betreffenden ist es die Predigt von »Gottes Wort«, das nun einmal unverkürzt gesagt werden muss, zur Zeit und zur Unzeit.

Auf der anderen Seite gibt es aber auch vermehrt Stimmen, denen sehr deutlich anzumerken ist, dass sie schmerzhaft empfinden, was die Gemeinden, auch die eigene Gemeinde oder Organisation, bisher schon homosexuell empfindenden Menschen angetan hat und immer noch antut. Verschiedentlich wurde das auch schon geäußert, manchmal auch verbunden mit einem Schuldeingeständnis für Diskriminierungen in der Vergangenheit. Gleichzeitig ist ein starker Wunsch zu spüren, dass die bisher Ausgegrenzten doch einen Platz in der Gemeinde Jesu finden sollten. Dahinter ist eine echte Betroffenheit, ein Leiden darunter spürbar, dass hier eine nennenswerte Gruppe an Menschen durch Ausgrenzung nicht in Berührung mit dem Evangelium kommen kann. So gibt es durchaus ehrlich gemeinte Angebote, doch in Gemeinden zu kommen, verbunden mit Aufforderungen an Mitglieder, homosexuelle Menschen freundlich aufzunehmen. Doch letztlich läuft es immer wieder darauf hinaus: »Homosexuelle Lebenspraxis« müsse natürlich, wenn nötig in einem Prozess, durch einen zölibatären Lebensstil ersetzt werden. Letztlich wird hier das alte evangelikale Motto: »Gott liebt den Sünder, aber er hasst die Sünde« neu durchbuchstabiert, wobei die »homosexuelle Lebenspraxis« in die Kategorie Sünde eingestuft wird. Wenn es auch nicht mehr den Schwung und den Wunderglauben der Ex-Gay-Bewegung gibt, so wird doch immer noch betont, dass es schließlich Therapie- und Änderungsmöglichkeiten gebe, verbunden mit der Aufforderung, diesen wahrscheinlich längerfristigen Weg unter Stützung durch die Gemeinde unbedingt zu probieren. Ein viel gelesenes Beispiel für diese Haltung ist das »Dossier

Homosexualität« der Zeitschrift »Aufatmen«.[12] Auch eine neuere Stellungnahme der Freien evangelischen Gemeinden geht in diese Richtung.

Dieser letztere Ansatz ist gut gemeint. Leitende Christen bewegen sich dabei an den äußersten Rand der ihnen möglichen Zugeständnisse. Sie empfinden ganz offensichtlich stark, dass hier etwas schiefläuft, dass hier eine Gruppe von Menschen konsequent aus der Gemeinde vertrieben wird, und das tut ihnen weh. Hinzu kommt in einem zunehmenden Maße, dass immer mehr heterosexuelle Menschen sich verärgert und verstört abwenden, wenn sie spüren, dass in der für sie auf den ersten Blick attraktiven Gemeinde solche unüberwindbaren Aversionen bestehen.

Homosexuellen Menschen macht diese gewollt entgegenkommende Art das Leben nicht unbedingt leichter. Vielleicht entfallen die handfesten Gründe, sich wütend von einer Gemeinde abzuwenden. Wahrscheinlich trauen sie sich auch öfter, sich zu outen. Es entsteht allerhand positive Bindung, aber auf Dauer wird immer deutlicher, dass doch eine Spannung besteht. Wenn sie bestimmte Aufgaben in der Gemeinde übernehmen wollen, wird ihnen bedeutet, dass das schwierig sei (in manchen Gemeinden z. B. Mitarbeit im Kindergottesdienst), und wie selbstverständlich wird von ihnen ein besonders geistlicher, zölibatärer Lebensstil erwartet. Ein Grundgedanke bleibt, der auf die Dauer einsickert wie ein schleichendes Gift und dem man sich nicht entziehen kann. Er heißt: *Du bist nicht richtig, wie du bist.*

---

[12] »Dossier Homosexualität«, Sonderdruck der Zeitschrift »Aufatmen«, Febr.–Apr. 1/2010.

Mit diesem Grundgefühl kann auf Dauer kein Mensch gesund bleiben. Gemeinde wird, ohne es zu wollen, zur Noxe, zum Ort der Kränkung, zur Ursache von Krankheit.

Dieses Grundgefühl ist auch das Problem an den genannten christlichen Selbsthilfegruppen homosexueller Menschen. Ich habe große Hochachtung vor dem Ernst, mit dem hier versucht wird, Gott zu dienen und gemeinsam einen eigenen Weg zu finden. Aber gleichzeitig sehe ich auch eine große Tragik in diesem Bemühen. Menschen treffen sich unter dem Vorzeichen der Identitätsfindung und sind von der gemeinsamen Hoffnung getragen, doch noch einmal unter Gebet, Gespräch und Selbsterfahrung heterosexuell zu werden. Zunächst wird die Aufnahme in eine solche Gruppe meist positiv erlebt. Alle sind freundlich, eine solidarische Stimmung herrscht, man darf ehrlich über seine Themen sprechen.

Wenn sich aber auf längere Sicht an der sexuellen Orientierung nichts ändert, setzt sich immer mehr, frustrierend und entmutigend die Botschaft durch: Ich bin nicht richtig, wie ich bin. Trotz jahrelanger Mühe habe ich mich nicht geändert. Manche werfen an dieser Stelle alles hin, den Glauben gleich mit, andere werden depressiv und manche kämpfen weiter.[13]

Um es noch einmal zu sagen: Aus therapeutischer Sicht kann niemand mit dem Selbstgefühl: »Ich bin nicht richtig, wie ich bin« gesund bleiben. Es ist sehr destruktiv.

Und aus Sicht des christlichen Glaubens ist diese Aussage verhängnisvoller Unfug. Sie ignoriert Gottes Souveränität

[13] Beispiele dafür finden sich im oben genannten Buch von Timo Platte »Nicht mehr schweigen«.

als Schöpfer. Es ist die Absurdität aus Jesaja 45, wo der Ton am Töpfer herummäkelt.

Vielleicht muss ich an dieser Stelle kurz einem Missverständnis vorbeugen: Selbstverständlich gibt es für jeden Menschen immer wieder Orientierungsbedarf, manchmal bedarf es auch einer tief greifenden, echten Umkehr. Dazu rufen Johannes der Täufer und Jesus beide zu Beginn ihrer Predigttätigkeit auf. Im Bild gesprochen ist es aber ein entscheidender Unterschied, ob ich mein Auto wende, um wieder in eine sinnvolle Richtung zu fahren, oder ob ich das mir geschenkte Fahrzeug an sich verachte, schlecht behandele und zugrunde richte.

Nun gibt es neben der grundsätzlichen Annahme auf der einen Seite natürlich auf der anderen Seite die Frage nach der konkreten Lebenspraxis.

Es gilt, meinen Weg zu finden in einem Geflecht von Beziehungen, äußeren Ansprüchen, gesellschaftlichen und moralischen Normen, meinen Wünschen und Bedürfnissen. Für gläubige Menschen ist hier die Gottesbeziehung ein zentrales Motiv. Gerade in ethischen Fragen, in Fragen des Zusammenlebens und der persönlichen Lebensweise kann die Frage nach dem Willen Gottes eine starke ordnende Funktion haben. Jesus drückt das im Gleichnis vom reichen Kornbauern so aus: »Was hülfe es dem Menschen, wenn er die ganze Welt gewönne und nähme doch Schaden an seiner Seele?« (Matthäus 16,26, Luther 2017). Und Petrus sagt: »Man muss Gott mehr gehorchen als den Menschen« (Apostelgeschichte 5,29, Luther 2017).

Wohl alle Menschen, die im Glauben leben, können bestätigen, dass eine Rückbesinnung auf Gottes Willen, so wie wir ihn schon kennengelernt haben, insbesondere auf die Lehren Jesu, in vielen Lebenssituationen eine klare und befreiende Ausrichtung ermöglicht. Ich entscheide mich in einer solchen Situation dafür, Gott zu vertrauen, dass seine Lebensempfehlungen, seine Richtlinien langfristig weiter führen als vielleicht verlockende kurzfristige Angebote. Gerade in solchen Entscheidungssituationen blicken Christen über diese Welt hinaus. Sie wissen sich eingebunden in Gottes ewige Welt, in der andere Werte zählen als kurzfristiger Vorteil. Das ist mit »himmlischer Berufung« (Hebräer 3,1) gemeint und der Aussage Jesu, dass das Reich Gottes mitten unter uns sei (Lukas 17,21). Christen leben in der Welt und gleichzeitig in Berührung mit Gottes Ewigkeit. Solch eine Entscheidung für Gott ist für einen Christen in der Regel befreiend und tut gut. Auch wenn sie manchmal mit Arbeit, Einschränkungen oder finanziellem Verlust verbunden ist. Ob ich mich zum Beispiel aufraffe, einen Freund anzurufen, dem es nicht gut geht, oder ob ich ehrliche Angaben mache und darum meine Steuern oder das Rückporto bei der Onlinebestellung bezahlen muss.

Das betrifft auch die großen Lebenslinien. Wer in einer relativ konstanten, »dörflichen« Struktur aufgewachsen ist und dort auch weiter wohnt, hat möglicherweise viele Selbstverständlichkeiten seiner Umgebung nie infrage gestellt bzw. hat nie einen Außenblick darauf geworfen, der größere Fragen hätte aufkommen lassen können. Wer viel umgezogen ist, sich in vielen verschiedenen Umgebungen zurechtfinden musste, für den gibt es weniger Selbstverständlichkeiten. Er weiß, dass es so, aber auch ganz anders geht, und er kennt

Menschen, die ihr Leben sehr unterschiedlich anfassen. Zwischen diesen Polen von »Heimat« und »Entwurzelung« und damit auch zwischen »Enge« und »Weite« bewegen wir uns alle. Moderne Medien tragen inzwischen ein Stück Pluralität, Weite oder auch Beliebigkeit in die entferntesten Ecken. Angesichts dessen wird es für die Mehrheit der Menschen, auch in unseren Gemeinden, immer augenfälliger, dass ein vom christlichen Glauben geprägter Lebensstil keine Selbstverständlichkeit ist, sondern schon eine ziemlich spezielle Auswahl aus all den Möglichkeiten der Lebensgestaltung.

Besonders deutlich wird das am Beispiel der christlichen Ehe. In einer Umgebung, wo Lebensabschnittspartnerschaften und Patchworkfamilien normal sind, wo auch polyamore Lebensweisen als normal zu gelten haben, tritt immer deutlicher zutage, dass eine verbindliche, dauerhafte Partnerschaft gleichzeitig ein Teilzölibat darstellt. Es ist ein konsequenter Verzicht auf sehr viele weitere Möglichkeiten, sexuelle Beziehung zu leben.

Ehe im christlichen Sinne möchte ein geschützter Beziehungsraum sein, wo beide Partner unbedingt vertrauen können und selbst in Krisen davon ausgehen können, dass sich letztlich beide um eine Klärung und um ein gutes Miteinander bemühen werden. Wo ein offenes Gespräch besteht, wo Gefühle und Wünsche benannt werden, wo beide Partner auch in Rückbindung zu Gott bemüht sind, immer wieder eine liebevolle Beziehung zu erobern, da kann Ehe eine große Geborgenheit und Sicherheit in allen Herausforderungen und Krisen dieser Welt bieten. Christen vertrauen auch darauf, dass Gott diese Beziehung schützt. Darum wird ein Paar zu Beginn seiner Ehe in besonderer Weise gesegnet.

Jeder kennt allerdings auch Ehen zum Abgewöhnen. Die

Beziehung ist hier seit Jahren festgefahren. Im Tiefsten misstrauen sich beide am entscheidenden Punkt: nämlich, dass der andere ihr Bestes möchte. Die Partner haben im Laufe der Zeit meist zu irgendeinem nicht abgesprochenen Arrangement gefunden, wo jeder in einem gewissen Rahmen seine Interessen verfolgen kann, sich aber gleichzeitig vom anderen eingeengt und kontrolliert fühlt.

Wenn ein Partner bei einer sich bietenden Gelegenheit aus solch einem Gefängnis ausbricht, ist das letztlich nur noch die Konsequenz aus einem schon lange verpatzten Projekt.

Man kann an dieser Stelle also Folgendes festhalten: Auch die Beziehungsgestaltung heterosexueller Christinnen und Christen ist nach heutigen Maßstäben durchaus keine Selbstverständlichkeit. Von ihrem Glauben her sind sie auf eine bestimmte, ziemlich spezielle Form von Partnerschaft festgelegt: die verbindliche, ausschließliche Einehe.

Das ist tatsächlich, wie oben ausgeführt, die deutlich vertretene Meinung Jesu. Er erklärt es damit, dass Mann und Frau schöpfungsmäßig zusammenhängen und dazu bestimmt sind, »ein Fleisch zu werden«. Dabei zitiert er 1. Mose 2,24: »›Darum wird ein Mensch seinen Vater und seine Mutter verlassen, und die zwei werden ein Fleisch sein‹; daher sind sie nicht mehr zwei, sondern ein Fleisch. Was nun Gott zusammengefügt hat, soll der Mensch nicht scheiden.« (Markus 10,7, Elberfelder)

Allein die Tatsache, dass zur Zeit Jesu das Thema Scheidung diskutiert wurde, zeigt, dass Ehe kein einfaches Vorhaben ist. Ehe ist ein Projekt, das den ganzen Einsatz zweier Menschen erfordert. Sie braucht Ehrlichkeit, viel guten Willen, spirituelle Einbindung und immer wieder auch Verzicht. Aber Jesus ist davon überzeugt, dass sie dem Wesen des Menschen, seiner schöpfungsmäßigen Veranlagung, tief entspricht. Darum ist es für ihn keine Variante, einen Scheidebrief zu schreiben, sondern ein lohnendes Projekt, sich um Ehe zu bemühen.

Verschiedene neutestamentliche Autoren schließen sich dieser Sicht an. Insbesondere Paulus schreibt mehrfach zur Ehe. Im Epheserbrief (5,21ff.) hebt er sie über irdische Verhältnisse hinaus, spiritualisiert sie, indem er sie mit dem Verhältnis von Christus zur Gemeinde vergleicht. Genau diese Aufopferung und Hingabe solle das Verhältnis von Mann und Frau prägen. Dieses Idealbild hat schon vielen Paaren neue Motivation gegeben, ihre Ehe, deren Erdenschwere sie vielleicht gerade recht deutlich spürten, unter diesem großartigen Aspekt neu wahrzunehmen.

Paulus selbst allerdings lebte ehelos. Und er empfahl das auch allen Menschen, die wie er eine Gabe dazu hätten. Auf diese Weise hätten sie viel mehr Zeit für Gott. Ihm war aber auch klar, dass die meisten Menschen die Gabe zum zölibatären Leben nicht haben. Und all denen empfiehlt er zu heiraten und sich einander auch nicht sexuell zu entziehen, da das letztlich nur in Versuchungen führe.

»Keiner von euch darf sich seinem Ehepartner entziehen, es sei denn, ihr beschließt gemeinsam, eine Zeit lang auf den ehelichen Verkehr zu verzichten, um euch ganz auf das Gebet zu konzentrieren. Aber danach sollt ihr wieder zusammenkommen; sonst könnte euch der Satan in Versuchung bringen, weil es euch schwerfallen würde, euer sexuelles Verlangen zu kontrollieren. Versteht mich nicht falsch: Was ich hier sage, ist ein Zugeständnis an euch und nicht etwa eine Vorschrift. Am liebsten wäre mir ja, wenn jeder wie ich die Befähigung hätte, ledig zu bleiben. Aber es haben nicht alle die gleiche Gabe; dem einen gibt Gott diese, dem anderen eine andere.« (1. Korinther 7,5, NGÜ)

Das ist auch unsere Erfahrung in der Klinik. Ich habe schon viele Menschen behandelt, die offiziell ein zölibatäres Leben führen, die sich also irgendwann früher immerhin freiwillig auf den Zölibat eingelassen hatten. Bei den Männern darunter gab es kaum jemanden, bei dem es funktioniert hätte.

Insofern muss man an diesem Punkt feststellen: Von besonders dazu begabten Menschen abgesehen, hält Paulus ein Zwangszölibat für schlicht nicht lebbar. Das entspricht therapeutischer Erfahrung.

Damit kommen wir jetzt zur Gretchenfrage. Wie sollte und darf die Lebenspraxis homosexueller Menschen in christlichen Gemeinden aussehen?[14]

In den bisherigen Überlegungen wurden folgende Punkte deutlich:

---

[14] Liebe Leserin, lieber Leser! Ich habe es ja geahnt, dass manche von Ihnen erst einmal bis zu dieser Stelle vorblättern und gucken, was Martin Grabe denn »für einer« ist. Das ist ja völlig in Ordnung. Hätte ich wahrscheinlich auch so gemacht. Aber jetzt habe ich eine große Bitte. Egal, was Sie von der hier folgenden Schlussfolgerung halten, die Ihnen ja jetzt erst einmal als weitgehend leere These, als Glaubenssatz, entgegentritt, an der Sie mich »mal eben« abtesten können: Machen Sie sich die Mühe, die sorgfältigen Überlegungen davor und danach zu lesen. Sie selbst sind es wert, Gott ist es wert und Ihre homosexuellen Mitmenschen sind es wert, dass Sie hier zum Nächsten werden, beten und nachdenken und sich nicht lieblos abwenden.

- Die Ablehnung und Diskriminierung homosexueller Menschen ist kein vorwiegend christliches Thema, sondern ein seit Jahrhunderten bestehendes gesamtgesellschaftliches Problem mit spezifischen Ursachen.
- Die derzeitige Meinungsänderung in den christlichen Kirchen erscheint eher als Anpassung an den gesellschaftlichen Mainstream und kaum als genuin theologische Erkenntnis. Davon ist das neuere Zugeständnis vieler evangelikaler Gemeinden, dass homosexuell zu empfinden noch keine Sünde sei, nicht ausgenommen.
- Therapeutische Versuche, Homosexualität zu heilen, waren in der Regel erfolglos. Das betrifft auch die christliche Heilungseuphorie im Gefolge der 80er-Jahre. Heute weiß man, dass die sexuelle Orientierung in der Regel in der Persönlichkeit eines Menschen verankert ist und damit nicht geändert werden kann. Wenn es zu Änderungen kommt, dann meist in Richtung Homosexualität.
- Untersucht man die Bibel auf unser Thema, fällt Folgendes auf: Es gibt nur fünf infrage kommende Bibelstellen insgesamt. Bei vieren davon zeigt sich recht schnell, dass sie nicht die Situation homosexueller Christen in heutigen Gemeinden betreffen. Die verbleibende Stelle in Römer 1 zielt nicht auf das Thema Homosexualität, drückt aber aus, dass Paulus von einer Schöpfungsordnung ausgeht, der homoerotische Sexualität nicht entspricht. Jesus nimmt an keiner Stelle irgendeinen Bezug auf unser Thema.
- Im Alten und Neuen Testament gibt es Hinweise auf eine »Schöpfungsordnung« Gottes. Entsprechend der zitierten Römerbriefstelle ist homoerotische Sexualität die »unnatürliche« Form gegenüber der »natürlichen«.

Andererseits gilt: Wenn Menschen an Gottes Souveränität glauben, dann schließt das ein, dass letztlich nichts gegen seinen Willen geschieht. Die Persönlichkeit eines Menschen ist ein göttlicher Schöpfungsakt. Das umschließt auch eine homosexuelle Ausrichtung, die in seiner Persönlichkeit verankert ist. Wer wollte einem souveränen Gott vorschreiben, nach welcher Ordnung er zu schaffen hat? Ich darf als Mensch mit Dankbarkeit auf all die Gaben und Talente antworten, die Gott in mich hineingelegt hat.

Das gilt für alle Menschen. Für Christen könnte es eine Definition eines gelungenen Lebensentwurfes sein: mit Dankbarkeit auf die Gaben und Talente zu antworten, die Gott in mich hineingelegt hat. Das ist ganz unabhängig gültig von der sexuellen Orientierung, weil auch diese integraler Bestandteil unserer schöpfungsmäßigen Ausstattung ist.

Hier ist möglicherweise eine wichtige Klärung nötig. Homosexualität betrifft ja nicht nur die Sexualität im engeren Sinne, nicht einmal vorwiegend, sondern einen ganzen Menschen in seiner Identität. Und das ermöglicht ihm oder ihr vielleicht, eine Sichtweise einzubringen, Dinge von einer Seite anzufassen, auf die ein heterosexueller Mensch gar nicht gekommen wäre. Es kann tatsächlich eine echte Ergänzung, eine Bereicherung im Miteinander stattfinden. Das ist ganz unabhängig davon, ob diese Person ehelos lebt oder nicht. Ob wir in unseren Gemeinden wohl noch einmal in die Lage kommen, dass wir tatsächlich freundlich und dankbar diese Ergänzung wertschätzen können?

Aber jetzt zur heikelsten Frage: Wie sieht es denn mit einer Partnerschaft aus?

Also mit dem, was oft mit »praktizierter Homosexualität« so spitzfingrig-distanziert beschrieben wird?

Weil weder zu alttestamentlicher noch zu neutestamentlicher Zeit eine verbindliche homosexuelle Partnerschaft kulturell denkbar war, wird sie auch nirgends in der Bibel erwähnt oder diskutiert. Es ist lediglich von homosexuell getönter Promiskuität oder von Ehebruch die Rede. Diese werden analog zu heterosexueller Promiskuität oder Ehebruch scharf verurteilt.

Wenn wir also nach biblischen Handlungsanweisungen suchen, dann gibt es keine direkten für unser Thema, allerdings durchaus gut anwendbare Analogien. Ähnlich geht es uns ja in vielen Bereichen, die zwar sehr wichtig sein können, zu denen wir aber keine direkten Aussagen in der Bibel finden. Zum Beispiel in Bezug auf den Umgang mit dem Computer (obwohl wir uns vielleicht den ganzen Tag mit ihm beschäftigen), zur Frage, ob es gut ist, eine Kreuzfahrt auf einem bekanntermaßen schwer umweltschädigenden Schiff zu machen, und vielem mehr.

Wenn man die ausführliche Stellungnahme des Paulus aus dem 1. Korintherbrief (7,5ff.) ernst nimmt, dann muss man davon ausgehen, dass die meisten Menschen nicht die Gabe eines zölibatären Lebens haben. Wenn sie es dennoch probieren, werden sie Versuchungen erliegen und menschlich wie geistlich Schaden nehmen. Das entspricht unseren klinischen Erfahrungen.

Aus dem Abstand gesehen kommt mir solch eine Forderung an homosexuelle Menschen in Gemeinden vor wie das, was Jesus im Matthäusevangelium (23, 4) über die Pharisäer sagt.

»Sie binden schwere Lasten zusammen, die man kaum tragen kann, und laden sie den Menschen auf die Schultern; doch sie selbst denken nicht daran, diese Lasten auch nur anzurühren.« (NGÜ)

Auf der anderen Seite gibt es die deutliche Grundlinie im Neuen Testament, dass für Christen nur eine verbindliche Zweierbeziehung infrage kommt, die als Lebensprojekt aufzufassen ist.

Ich muss zugeben, ich fände es recht angenehm, wenn ich jetzt nicht allein, »auf eigene Rechnung«, Schlussfolgerungen daraus ziehen müsste. Mir wäre viel lieber, wenn wir Christen so wie beim Apostelkonzil in der Apostelgeschichte (15,1ff.) eine definitive, unsere Mitchristen entlastende, eindeutige Stellungnahme abgeben könnten. Aber das geht ja schon deshalb nicht, weil wir in so viele Konfessionen gespalten sind. In der Apostelgeschichte damals ging es um viel. Und es wurde auch kräftig und lange gestritten. Es ging um nichts weniger als darum, ob neu bekehrte Christen das Gesetz des Mose einschließlich Beschneidung halten sollten oder nicht. Letztlich schlug der vernünftige Jakobus eine Kompromissformel vor, auf die sich das erschöpfte Konzil einlassen konnte.

»Darum meine ich, dass man die von den Heiden, die sich zu Gott bekehren, nicht beschweren soll, sondern ihnen schreibe, dass sie sich enthalten sollen von Befleckung durch Götzen und von Unzucht und vom Erstickten und vom

Blut.« (Luther 2017). Das war eine riesige Entlastung für die neuen Christen. Sie brauchten all die vielen mosaischen Gesetze nicht zu halten, nicht einmal zu erlernen! Aber es war auch ein großer, großer Glaubensschritt für all die Judenchristen, die sich Glauben ohne die Gesetze des Mose bisher gar nicht hatten vorstellen können. Es war vielleicht die mutigste theologische Entscheidung in der Geschichte der Christenheit.

In der Evangelischen Allianz haben wir es in Bezug auf das (weit kleinere) Thema der Homosexualität auch versucht, aber es hat leider nicht funktioniert.

Wie wir gesehen haben, gibt es keine direkten biblischen Anweisungen.

Wenn wir nach bestem Wissen und Gewissen nach Gottes Willen fragen, dann gehört dazu, das ernst zu nehmen, was wir in der Bibel über seinen Willen erfahren können, und es auf unsere Fragen anzuwenden.

So wäre nach allem Gesagten mein Vorschlag für eine Einigung der folgende:

Homosexuelle Christen dürfen ebenso wie heterosexuelle Christen eine verbindliche, treue Ehe unter dem Segen Gottes und der Gemeinde eingehen und sind in der Gemeinde in jeder Hinsicht willkommen.

Ich weiß, dass Sie, liebe Leserinnen und liebe Leser, nun sehr verschiedenartig auf diesen Satz reagieren werden. Leider liegt so viel Sprengkraft in unserem Thema.

Eine mögliche Reaktion könnte sein, dass Sie meinen Glauben anzweifeln und es als Schande empfinden, dass »so etwas« von einem christlichen Verlag herausgegeben wird.

Wenn das Ihr momentanes Gefühl wiedergibt, habe ich die

große Bitte, die ich vorhin schon in der Fußnote geäußert habe: Lesen Sie zu Ende.

Gerade zu der Frage, warum dieses Thema so schwer für uns als überzeugte Christen ist, möchte ich im nächsten Kapitel noch etwas sagen.

Ich hoffe natürlich, dass auch viele von Ihnen meinen Überlegungen bis hierher folgen konnten und mochten. Mein Wunsch ist, dass hier und da ein frischer, neuer Blick auf unser Thema möglich wurde.

An dieser Stelle möchte ich noch auf einen häufig gehörten Einwand eingehen. Er lautet: Ist das denn überhaupt das, was sich homosexuelle Menschen wünschen? Wer will denn schon eine verbindliche Beziehung? Insbesondere bei schwulen Männern ist doch bekannt, dass sie in der Regel häufig die Partner wechseln.

Das ist statistisch gesehen tatsächlich derzeit so. Sowohl dass nur ein geringer Anteil homosexueller Menschen eine Heirat möchte, als auch, dass Beziehungen, besonders bei Männern, oft nicht von langer Dauer sind und auch nicht ausschließlich.

Aber die Frage ist ja: Was war denn bisher unser Angebot als Gemeinde Jesu? Es gab einfach keines! Es gab innerhalb der Gemeinde kein Angebot, eine öffentliche und treue Beziehung zu leben. Wir haben homosexuellen Menschen nicht die geringste Chance gegeben, einen Lebensentwurf im Einklang mit dem Willen Gottes und dem, was wir in der Bibel über menschliches Zusammenleben erfahren, zu entwickeln. Außer der Lösung des zölibatären Lebensstils. Betroffene taten bisher klüger daran, ihre sexuelle Orientierung überhaupt zu verschweigen. Sie konnten sich in den allermeisten frommen Gemeinden nur Nachteile damit einhandeln. Sexualität wurde in die Unsichtbarkeit abgedrängt und suchte sich dort ihre Wege. Selbst jetzt, wo vielerorts gesagt wird, dass homosexuelles Empfinden an sich keine Sünde sei und die Betreffenden willkommen seien, gibt es mindestens bei vielen einzelnen Gemeindemitgliedern immer noch erhebliche Vorbehalte. Jemand, der das in einer Gemeinde, oft zu einem unerwarteten Zeitpunkt, in beschämender und diskriminierender Weise erlebt hat, wird sich genau überlegen, ob er in der nächsten Gemeinde nicht wieder konsequent den Mund hält. Meist wird er aber überhaupt keinen näheren Kontakt zu einer Gemeinde mehr suchen.

Wie stark ein echtes und ehrlich gemeintes Angebot der Gemeinde, sich einzubringen und Beziehung einschließlich Partnerschaft zu leben, angenommen werden wird, lässt sich nicht voraussagen. Wir werden es erleben. Es wäre auch nur allzu verständlich, wenn Menschen, die schon »gebrannte Kinder« sind und heftige negative Erfahrungen machen mussten, erst einmal abwarten. Sie hätten wahrscheinlich keine Lust, sich allzu schnell in schon traumatisierten Bereichen wieder triggern zu lassen.

Trotzdem wäre es so wichtig, dass wir als Gemeinden endlich aufhören, Menschen auszugrenzen, sie von Jesus wegzustoßen und ihnen keine Chance in unserer Mitte zu lassen. Jesus hat immer wieder gezeigt, dass er an jeder, wirklich jeder Gruppe von Menschen ernsthaft interessiert ist. Das Evangelium ist die wichtigste Botschaft. Die Menschen waren Gott so wichtig, dass er aus Solidarität selbst Mensch wurde und ihre Schuld ein für alle Mal auf sich nahm. Ein Leben in der Versöhnung mit Gott wurde möglich, in Versöhntheit mit mir selbst und mit den anderen Menschen.

Niemand hat dem anderen etwas voraus. Niemand wurde aus eigener Kraft gerecht. Wir alle leben in der Gnade Gottes.

Ja, wir dürfen und sollen uns gegenseitig auch auf Fehlhaltungen und Sünde aufmerksam machen. Aber, und da ist Jesus wirklich deutlich, vorher sollen wir »den Balken« aus unserem eigenen Auge ziehen (Matthäus 7,5). In Bezug auf unser Thema heißt das: nicht aus dumpfen Vorbehalten heraus reagieren, nicht, ohne hinzuschauen, von »klaren Bibelstellen« reden, weil wir das irgendwo so gehört haben, nicht schnelle Argumente für unsere tief verankerten Vorurteile suchen, sondern hinschauen, nachdenken und beten. Gott um Liebe statt Aversion bitten.

Jesus setzt sich gegen seine Jünger durch, wenn es darum geht, dass noch mehr Menschen etwas von ihm hören wollen; er setzt sich gegen seine Jünger durch, als sie die Kinder von ihm fernhalten wollen. Er diskutiert gar nicht darüber, ob es nicht doch sinnvoll sei, diese Störungen mal zu unterbinden.

Stattdessen macht er mit großem Ernst deutlich, dass es für ihn gar nichts Schlimmeres gibt, als wenn die Frommen sich so verhalten, dass andere Menschen, noch »klein« im Glauben, nicht zu Gott finden und Schaden nehmen.

Originalton: »Wer aber einen von diesen gering Geachteten, die an mich glauben, zu Fall bringt, der käme noch gut weg, wenn man ihm einen Mühlstein um den Hals legen und ihn damit ins Meer werfen würde.« (Markus 9,42, NGÜ)

Ich glaube, dass wir da in unseren Gemeinden in den letzten Jahren viel Schuld auf uns geladen haben. Wie schon gesagt: Es sind inzwischen nicht nur die homosexuellen Menschen, die wir hinausdrängen oder gar nicht erst hineinlassen. Es sind auch zunehmend heterosexuelle, am Glauben interessierte Menschen, die sich von Gemeinden abwenden, wenn sie merken, welch starke Vorbehalte dort gegenüber Homosexuellen bestehen. Damit stehen christliche Gemeinden, die bisher auch in der Sichtweise der säkularen Bevölkerung wenigstens eine gewisse moralische Integrität für sich beanspruchen konnten, auf einmal auch hier im Abseits.

Wenn eine Abseits-Position um Jesu willen notwendig ist, dann ist es mutig hinzunehmen. Wenn sie aber auf tief verankerten Tabus aus ganz anderer Quelle beruht, dann ist es nur noch tragisch. Ich glaube, dass die Gemeinde Jesu hier in eine echte geistliche Sackgasse gerutscht ist, aus der sie sich durch Gebet, Bibelstudium und Nachdenken so bald wie möglich befreien sollte.

Im nächsten Kapitel wird es jetzt noch einmal gezielt um die Gründe gehen, warum es für evangelikale und katholische Christen so schwer ist, hier eine Lösung zu finden.

7. Warum können so viele Christen nicht glauben, was sie eigentlich verstanden haben?

Als ich vor einiger Zeit für Mitarbeitende der Klinik Hohe Mark zu diesem Thema einen Vortrag gehalten hatte, schickte ich das Manuskript an eine Christin, die ich als sehr intelligente Frau kenne. Sie mailte mir nach einiger Zeit zurück: »Ich verstehe ja alles, was du geschrieben hast, aber ich wünschte mir, ich könnte es auch glauben!«

Ich habe festgestellt, dass das die Situation vieler Christen im evangelikalen Bereich ist.

Es gibt natürlich auch wütende Abwehr: dass Menschen nicht im Geringsten von ihrer Überzeugung abweichen wollen. Und wer daran rüttelt, ist ihr Feind. Im christlichen Bereich ist er dann ein Verführer, ihm wird unterstellt, dass er »das Wort Gottes verdreht«, und andere werden vor ihm gewarnt.

Aber in vielen Fällen ist es anders. Gemeindemitglieder oder Leitende spüren durchaus, dass es hier eine Not gibt, ein echtes Problem. Es tut ihnen ebenfalls weh, wenn sie ausgrenzende und lieblose Bemerkungen über homosexuelle Menschen hören und miterleben, dass es in ihrer Gemeinde keinen Platz für diese gibt. Sie ahnen auch, dass das in der heutigen Zeit eine positive Ausstrahlung ihrer Gemeinde nachhaltig behindert und immer häufiger am Glauben interessierte Heterosexuelle daran Anstoß nehmen.

Versuche, diese Spannung durch gut gemeinte Bekundungen, soweit es geht, abzumildern, habe ich im Kapitel 6 »Wie darf ein homosexuelles Leben in der Gemeinde aussehen?« schon beschrieben.

Gleichzeitig glauben diese Christen aber, ihre Vorbehalte nicht aufgeben zu dürfen. Interessanterweise ändert sich daran auch nicht wirklich etwas, wenn sie sich intensiv mit diesem Thema beschäftigen. Sie stellen dann zwar fest, wie schmal die Basis an vermeintlichen Bibelstellen über die Homosexualität ist und dass diese bei näherer Betrachtung gar nichts zum Thema einer christlichen homosexuellen Partnerschaft sagen wollen. Was Jesus über das Verurteilen anderer Menschen sagte und was er von deren Ausgrenzung hielt, wissen sie ohnehin.

Trotzdem bleibt das flaue Gefühl: Das hier ist gefährliches Terrain. Ich möchte hier nichts Falsches sagen, da könnte ich mich schuldig machen. Am besten halte ich mich aus dem Thema heraus, soweit es geht. Und wenn ich doch etwas dazu sagen muss, dann bleibe ich lieber auf der sicheren Seite – was in der Regel die Forderung zölibatären Lebens für eine Gemeindemitgliedschaft ist.

Diese Haltung ist keine Konfliktscheu oder Feigheit im eigentlichen Sinne.[15]

---

[15] Leider gibt es auch echte Feigheit, habe ich festgestellt: Christen, die in einer konservativen Umgebung ihre liberalere Meinung über Homosexualität verstecken, weil sie Angst vor Ärger mit Gemeindemitgliedern oder Kunden haben. Das ist allerdings wirklich schlimm, aber hier geht es um etwas anderes.

Es sind tief sitzende Versündigungsängste. Wenn ich hier etwas Falsches sage, könnte ich schwere Schuld auf mich laden.

Woher kommt das?

Wie schon am Anfang erklärt, ist der Widerwille gegen Homosexualität allgemein in unserer Gesellschaft stark verankert, unterschwellig bis heute. Das hat psychologische Gründe. Tabuisierte Regungen müssen abgewehrt werden, und zwar umso stärker, je näher sie mir in Wirklichkeit kommen. Sondergruppen boten sich schon immer an als Zielscheibe für die gemeinsame Projektion eigener negativer Gefühle. Bei Männern gab es zusätzlich wehrpsychologische Gründe, die zu einer besonders stabilen Aufrichtung des Homosexualitätstabus führten.

Bei Christen kommt hinzu, dass sie diesen Widerwillen im Laufe der Geschichte mit angeblichen göttlichen Geboten verknüpft haben. Zum Beispiel lassen sich die genannten Mose-Stellen bei oberflächlicher Handhabung leicht als scheinbar eindeutiges Pseudoargument für eine schwulenfeindliche Einstellung verwenden. Das machte es über Jahrzehnte und Jahrhunderte leichter, den geforderten Abstand zu wahren. Das Paradoxe war, dass jetzt auch die Christen, die ja eigentlich Gottes Liebe in die Welt tragen sollten, unter diesem Vorzeichen glaubensgestützt lieblos und ausgrenzend sein durften. Das machte für sie das Leben in ihrer Gesellschaft erheblich leichter. Ihre Argumente wurden gerne auch von Menschen übernommen, die ansonsten nicht unbedingt ein großes Interesse an Gottes Willen hatten. Man war sich in unserer Gesellschaft einig, auch in den 60er-Jahren noch, dass Homosexualität eine widernatürliche, bestrafungswürdige Schuld sei. Und die Christen hatten die Homosexualität schon längst als widergöttliche Sünde in ihrem Gewissenssystem abgespeichert.

Gewissen entsteht nicht nur individuell, sondern auch kollektiv. Psychologisch gesehen sind wir, was unsere Über-Ich-Struktur angeht, weitgehend darauf angewiesen, was wir in unserer frühen Kindheit in uns aufgenommen haben, ob uns das gefällt oder nicht. Manchmal sind diese Inhalte so zerstörerisch, dass ein Mensch im späteren Leben deshalb krank wird und Therapie aufsucht. Aber auch da ist es oft ein mühsamer Prozess, sich ein wenig Abstand zu früh erlernten einengenden Normen zu erobern.

Natürlich ist es wichtig, dass Menschen ein Gewissen haben. Normen, die wir in uns aufgenommen haben, können oft uns selbst und die Gesellschaft vor allzu egoistischen oder destruktiven Handlungen schützen. Aber das Gewissen ist kein zuverlässiger Ratgeber. Es rät uns das, was damals hineingelegt wurde. Manche Menschen bekommen bei bestimmten Themen viel zu schnell ein schlechtes Gewissen und lassen sich ausnutzen und manipulieren, andere viel zu spät und beuten ihre Mitmenschen aus.

Und wenn Christen beim Thema Homosexualität ein mulmiges Gefühl bekommen, ein schlechtes Gewissen, wenn es darum geht, das zu sagen oder zu tun, was sie eigentlich verstanden haben, dann bedeutet das in der Regel nicht, dass Gott jetzt gerade zu ihnen spricht. Sondern es bedeutet, dass irgendwann diese tiefe Ablehnung der Homosexualität als etwas Böses in sie hineingelegt wurde.

Das wiederum ist nun wirklich kein Wunder, denn wir sind Kinder unserer Gesellschaft. Und ggf. auch noch Kinder einer christlichen Subkultur.

Insgesamt ist das Ganze natürlich kein Ruhmesblatt für die Christenheit. Ich meine die Tatsache, dass Christen hier in der Geschichte, anstatt eine Gegenkultur der Liebe und Annahme zu leben, die ausgrenzenden gesellschaftlichen Tabus nicht nur übernommen haben, sondern auch noch mit theologischen Schnell-Argumenten zementiert haben.

Wie auch immer, aus solch einer Gewissensprägung herauszukommen, ist nicht leicht. Wer versucht, dagegen zu handeln, spürt eine tief sitzende Warn-Angst, die wir allgemein ein »schlechtes Gewissen« nennen.

Das ist nun leider durchaus nicht das einzige Beispiel dafür, wie Christen in der Geschichte den Zeitgeist assimiliert haben und dann ein fragwürdiges oder höchst fragwürdiges Verhalten biblisch begründeten.

So wurden z. B. für die Sklaverei bald biblische Argumente gefunden. Unter anderem, dass Noah die Nachkommen Hams verflucht habe, dass sie Knechte ihrer Brüder sein sollten (1. Mose 9,22). Schwarze Sklaven wurden kurzerhand zu Nachkommen Hams erklärt. Es ist aus heutiger Sicht schwer vorstellbar, wie man damit grausamsten Menschenhandel für christliche Gewissen neutralisieren konnte. Aber es war weithin so.

Auch die aus heutiger Sicht machtpolitisch motivierten Kreuzzüge wurden massiv theologisch begründet, geradezu als geistliche Pflicht verkauft. Einer dieser Kreuzzüge wurde dann mittendrin kurzerhand auf das mitchristliche, aber gerade sehr schwache Byzanz umgeleitet, weil man dort fettere Beute machen konnte – was die unter der christlichen Propaganda liegende Grundmotivation offenbarte. Später gab es dann die Inquisition und die wirklich entsetzlichen Hexenprozesse. Auch die meisten Kriege wurden christianisiert. Noch im 1. Weltkrieg wurden Kanonen gesegnet.

Verstehen Sie mich richtig, ich will das nicht alles gleichsetzen. Es gibt Schlimmeres und weniger Schlimmes. Was ich aber zeigen will, ist dies: Das »christliche Gewissen« ist leider oft stark vom Zeitgeist geformt gewesen und hat in dessen Dienst gestanden. Es ist kein Wunder, dass wir uns als heutige Christen mit dem gleichen Problem herumschlagen.

Glücklicherweise gibt es auch Gegenbeispiele. Es gab immer wieder Situationen in der Geschichte, wo Menschen aus ihrem Glauben heraus die Kraft fanden, sich einem destruktiven Zeitgeist mit einer großen Unabhängigkeit entgegenzustellen.

Ich möchte nur einige Beispiele nennen.

Martin Luther ist eines. Er war aufgrund seiner persönlichen Geschichte und Erfahrungen zu einer tiefen Begegnung mit dem Evangelium gekommen. So konnte er bemerken, wie unendlich weit sich die Kirche mit ihrem Ablasswesen, mit dem gerade der Petersdom finanziert werden sollte, von den Grundwahrheiten des Neuen Testamentes entfernt hatte. Es war seine Glaubensüberzeugung, seine neu gewonnene Gottesbeziehung, die ihm seinen legendären Mut gab. »Hier stehe ich.«

Auch die Sklaverei fand ein Ende durch einen überzeugten Christen. Es war William Wilberforce, der im britischen Parlament 18 Jahre lang kämpfte und fast jährlich eine Gesetzesvorlage einbrachte, die den Sklavenhandel im Bereich des britischen Empires verbieten sollte. Er wurde vom Bund der Quäker und der Methodisten unterstützt. 1807 hatte er endlich Erfolg. Der Handel wurde verboten.

Es gab ganze Gemeindebünde, die aus der Erkenntnis heraus, dass Krieg immer Unrecht bedeutet, generell den Wehrdienst verweigerten.

Nennen möchte ich noch Dietrich Bonhoeffer, der sich in einem nicht leichten inneren Prozess erarbeitete, dass für Christen in bestimmten Situationen auch Widerstand gegen die Staatsgewalt verantwortliches Handeln sein könne.

Und Martin Luther King, der auf gewaltfreie und doch konsequente Weise auf das Unrecht der Rassendiskriminierung reagierte.

Wenn Menschen ihr Leben lang zu einem System gehört haben, dessen Prinzipien und Werte sie schon früh internalisiert haben, dann bedeutet es oft einen großen Kampf, eine unabhängige Position zu gewinnen. Wie oben schon beschrieben, reicht es nicht, einen Zusammenhang verstandesmäßig eingesehen zu haben. Das schlechte Gewissen meldet sich trotzdem. Meine intellektuelle Freundin am Anfang dieses Kapitels hat das gut ausgedrückt. Die meisten Menschen bleiben dann sicherheitshalber doch bei ihrer früheren Linie.

Es ist jedes Mal ein Wunder, wenn es einem Menschen gelingt, stattdessen über seinen Schatten zu springen und einen Paradigmenwechsel zu vollziehen. Im christlichen Bereich nennt man das Umkehr.

Ein gutes Beispiel für solch einen Vorgang findet sich in der Apostelgeschichte. In Kapitel 10 wird beschrieben, wie Petrus in einer Vision lauter kultisch unreine Tiere gezeigt bekommt. Gottes Stimme weist ihn an, diese zu essen, aber Petrus wehrt sich als guter Jude standhaft: »Auf gar keinen Fall, Herr! In meinem ganzen Leben habe ich noch nie etwas

Unheiliges und Unreines gegessen!« (10,14, NGÜ) Gott antwortet ihm: »Was Gott für rein erklärt hat, das behandle du nicht, als wäre es unrein!« Insgesamt bekommt er drei Mal diese Aufforderung, bis das Bild verschwindet.

Kurz darauf stehen drei Abgesandte eines römischen Hauptmanns vor seiner Haustür. Gottes Geist macht ihm klar, dass er mit diesen mitgehen darf. Petrus wagt es. Er geht gegen alle religiösen Verbote als frommer Jude in dieses heidnische Haus. Und er erlebt dort staunend mit, wie nicht nur der Hauptmann, sondern auch dessen ganze Familie zum Glauben kommt.

Später zeigte sich, dass dieser Schritt des Petrus der Anfang einer großartigen Entwicklung war, die irgendwann das ganze römische Reich erfassen sollte.

Ich glaube, dass sich das Thema Homosexualität für viele Christen ein bisschen so anfühlt wie die Vision, die Petrus hatte. Und die Frage ist jetzt, ob wir bei unserer tief angelegten Abwehr bleiben.

Hören Sie, was Gott Ihnen sagt.

8. Persönliches Nachwort: Warum dieses Buch erst jetzt?

Liebe Leserin, lieber Leser, wenn Sie mir diese Frage stellen, dann haben Sie mich erwischt.

Es gibt keinen wirklich guten Grund dafür.

Wenn ich oben mit der evangelischen Kirche so streng umgegangen bin, dann muss ich mich auch selbst fragen lassen: Ist es nicht eine ziemlich billige Zeitgeist-Anpassung, jetzt, Jahre nach dem Antidiskriminierungsgesetz, solch ein Büchlein zu schreiben?

Ich bin doch auch schon ziemlich lange – zumindest nach dem Gesetz – erwachsen, außerdem Psychiater und Psychotherapeut und gemeindlich engagiert. Hätte ich mir nicht deutlich eher über diese Zusammenhänge klar werden können?

Diese Fragen sind berechtigt.

Das Thema Homosexualität ist immer wieder einmal in meinem Leben aufgepoppt.

Zuerst in der Mittelstufe meiner Schulzeit. Die Klassenkameraden meiner überwiegend katholischen Jungenklasse hatten herausgefunden, dass ich, aus frommem evangelikalem Elternhause stammend, leicht mit sexuellen Themen in Verlegenheit zu bringen war. Dieses Vergnügen gönnte man sich dann reichlich, insbesondere in Richtung Homosexualität. Das war natürlich ganz vorwiegend Abwehr eigener

Konflikte, was ich in diesem Alter allerdings nicht verstehen konnte. Was mir aber damals schon klar war: Wie viel schlimmer als diese erlebten Hänseleien es doch sein müsste, wegen einer wirklichen Neigung diskriminiert zu werden. Es war eine unfreiwillige Sensibilisierung für Ausgrenzung, die ich damals erlebte, gerade in diesem Bereich. Und es war die Erfahrung, dass man offensichtlich auf dieser Welt in bestimmten Phasen sehr allein dastehen kann, es aber gut ist, seinen Weg weiterzugehen.

Im Studium lernte ich dann über meine christliche Studentengruppe homosexuelle Männer kennen, mit denen ich lange Diskussionen führte. Natürlich aus – wenn auch freundlich abgepolsterter – Hardliner-Position heraus.

Als ich dann als frischgebackener Mediziner für den Reisesekretärsposten einer christlichen Studentenorganisation angefragt war, und im Übrigen auch davon überzeugt war, dass das meine Aufgabe sei, wurde ich noch für ein abschließendes Gespräch eingeladen. Im Vorfeld sollte ich einen Fragebogen ausfüllen, wo neben vielem anderen auch nach meiner Einstellung zur Homosexualität gefragt wurde. Mir war schon klar, dass das mehr als Testfrage gemeint war und nicht der Wunsch dahinterstand, dieses Thema endlich einmal grundsätzlich erläutert zu bekommen. Trotzdem begann ich meine Ausführungen tapfer mit dem Satz: »Wenn jemand homosexuell ist, ist das zunächst einmal von Gott so gewollt.« Das kostete mich leider den Job. Es war damals für meine Frau und mich ein harter Schlag.

Es brauchte weitere Begegnungen und allerhand innere Auseinandersetzungen, bis ich – viel später – den Eindruck hatte, mich erneut zu diesem Thema äußern zu sollen. Es war 2008 in der Zeitschrift »Psychotherapie und Seelsorge« (jetzt P&S), die ich bis heute mit herausgebe.[16] Ich wollte mich endlich einmal dafür einsetzen, dass in christlichen Gemeinden ein echter Lebensraum für lesbische und schwule Christen geschaffen würde. Dabei ging ich allerdings davon aus, dass es in einem Gemeinderahmen in der Regel auf eine zölibatäre Lebensweise hinauslaufen würde. Das sei für Gemeinden dann wiederum in besonderer Weise eine Verpflichtung, einen warmherzigen Raum für soziales Leben zur Verfügung zu stellen. Bis zu diesem Punkt konnte ich damals denken, dann setzte die innere Bremse ein. Es waren die oben genannten Versündigungsängste. Ich will nicht daran schuld sein, dass jemand eventuell auf einen verhängnisvollen falschen Weg kommt. Lieber sicherheitshalber weniger sagen als ein Wort zu viel.

Trotzdem, dieser Artikel sorgte damals für allerhand Wirbel. Neben einer kleinen Flut von Leserbriefen (freundlichen und erbosten) kam es auch zu allerhand wütenden Abbestellungen der Zeitschrift, was wiederum den Verlagsleiter nicht für mich einnahm.

Etwa ein halbes Jahr später sollte dieser Artikel dann eine große Hilfe werden.

2009 war das Jahr des 6. Kongresses der Akademie für Psychotherapie und Seelsorge (APS) in Marburg. Wir hatten dort die Stadthalle und Räume der Universität gemietet.

---

[16] Grabe, Martin: Von »Schwul – na und?« bis zum »Gräuel vor dem Herrn«. Homosexualität in christlicher Psychotherapie und Seelsorge. Psychotherapie und Seelsorge – Magazin der Akademie für Psychotherapie und Seelsorge, 3/2008, S. 23–28.

Diesmal ging es um das Thema Identität. Etwa 1000 Teilnehmende hatten sich angemeldet.

Erst wenige Wochen vorher bekamen wir von linksalternativen Gruppen, aber auch vom Lesben- und Schwulenverband die Aufforderung, zwei unserer über 90 Seminarreferenten wieder auszuladen. Diese, zu Identitätsthemen eingeladen, würden ein Krankheitskonzept von Homosexualität vertreten und seien für einen Fachkongress nicht akzeptabel. Beide Referierenden distanzierten sich im Vorfeld des Kongresses öffentlich von der ihnen vorgeworfenen Haltung, dass Homosexualität »eine Krankheit« sei. Trotzdem wurde der Druck, der auf uns als APS-Vorstand ausgeübt wurde, immer stärker. Einschüchterungsversuche und offen christenfeindliche Angriffe kamen hinzu, ohne Ansatz für irgendeine Gesprächsmöglichkeit. Wir hatten den Eindruck, dem nicht nachgeben zu dürfen, um weiter eine glaubwürdige Gesprächsplattform im christlichen Bereich bleiben zu können. Außerdem sahen wir es als unsere Aufgabe an, unsere Referentengruppe zu schützen und uns nicht von außen zwingen zu lassen, Einzelne von den anderen zu separieren und als Zielscheibe für hasserfüllte Projektionen freizugeben.

Das hatte allerdings zur Folge, dass über das Internet zu einer großen Protestaktion gegen diesen Kongress aufgerufen wurde. So fanden wir uns in der Situation wieder, dass nicht nur 1000 Teilnehmende da waren, sondern auch etwa 1000 Protestierer und ebenso viele Polizeiangehörige, die Menschen und Gebäude vor ihnen schützten.

Letztlich konnte der Kongress ohne Abstriche durchgeführt werden. Aber es war eine Flut von E-Mails und Briefen zu beantworten, es waren so viele Interviews zu geben wie nie davor oder danach in meinem Leben und wir wären pressetechnisch untergegangen, wenn nicht beherzte christliche Profis eingesprungen wären und uns gegenüber all den Anfeindungen vertreten hätten. Schließlich erschienen die ersten ausgewogenen Berichte in seriösen Zeitungen.

Es ist in dieser Zeit sehr viel für uns gebetet worden und wir haben viel an Hilfe und mutiger Solidarität erfahren. Kleine Gemeinden trauten sich, uns ihre Räume als Ausweichquartiere für Seminare zur Verfügung zu stellen. Und das, obwohl eine reale Gefahr bestand, Zerstörungen durch die Protestierer ausgesetzt zu sein, wie sie in diesen Tagen vielfach in Marburg geschahen.

Immer wieder war es eine Hilfe, auf diesen Artikel in »Psychotherapie und Seelsorge« verweisen zu können, der allen besonnenen Menschen zeigte, dass die APS zwar christlich, aber nicht homosexuellenfeindlich war.

Insgesamt wurde überdeutlich, dass wir und der ganze Kongress eine schon lange aufgestaute Wut abbekamen. Dass sich hier Menschen artikulieren wollten, die eine Geschichte von Verletzungen, Diskriminierung und Hass erlitten hatten. Wir waren sehr unglücklich darüber, dass ausgerechnet der Kongress der APS in dieser Situation medial zum Symbol für feindselige Einstellungen und negative zwischenmenschliche Erfahrungen aufgebaut und entsprechend bekämpft wurde.

Auch wenn die konkreten international zusammengesetzten Kongressteilnehmenden nichts dafür konnten, hatten sicherlich viele der Protestierer tatsächlich schon ausgrenzende und beschämende Erfahrungen im christlichen Bereich gemacht. Es ist so tragisch, wenn Christen nicht »an ihrer Liebe erkannt« werden, wie Jesus es ausdrückt, sondern bei anderen für Ausgrenzung und subtilen Hass stehen. Das

Schlimmste daran ist, dass das leider manchmal noch nicht einmal falsch wahrgenommen wird. Auf diesem Kongress begannen dann allerdings die Teilnehmenden drinnen für die Protestierenden draußen zu beten. Ganz ausdrücklich für sie, für sie als Mitmenschen in all ihren Facetten, nicht in Abgrenzung zu ihnen. Es herrschte eine besondere, starke, fast heilige Atmosphäre dort.

Was nach diesem bewegten und bewegenden Kongress allerdings passierte, war – nichts. Nach Marburg – ich muss es zugeben – waren wir als APS-Vorstand erleichtert, dass dieses Thema Homosexualität tatsächlich völlig einschlief. Und wir dachten nicht daran, es wieder zu wecken. Im Nachhinein wurde ich noch von einer großen christlichen Zeitschrift zum »Christen« bzw. »Arzt des Jahres 2009« gewählt – stellvertretend für den APS-Vorstand, weil wir trotz aller Anfeindungen zu unserer Überzeugung gestanden hatten. Aber auch ich habe das Thema Homosexualität nicht wieder angefasst. Viele Jahre lang machten wir als APS einen weiten Bogen darum. Das Grundgefühl war: Was man auch dazu sagt, man bekommt Ärger von rechts oder von links, meist aus beiden Richtungen. Im Nachhinein gesehen war das keine besonders rühmliche Haltung. Es war die reine Konfliktvermeidung. Jesus hatte anders gelebt.

Und es trat ein Effekt ein, den wir nicht vorausgesehen hatten. Dadurch, dass wir uns als große Organisation überhaupt nicht mehr äußerten, wurden wir zur Projektionswand. Dabei ist das bekanntermaßen das Prinzip jeder analytischen Psychotherapie: Der abstinente Analytiker provoziert geradezu Übertragungen. Und so begann es wieder. 2017 noch eher zaghaft über das Internet, 2019 schon als kleine Demonstration. Die APS wurde, zumindest von linksautonomen Splittergruppen, wieder zum »homophoben« bösen Objekt stilisiert.

Ich habe damals, als die Anfeindungen gegen die APS wieder begannen, gemerkt, dass mich das tiefer angriff, als ich es vorher für möglich gehalten hätte. Die Erlebnisse von 2009 haben trotz allem Guten, das wir damals erlebt haben, auch trotz aller Bewahrung, psychotherapeutisch gesehen doch traumatische Tiefe bei mir gehabt. Ich war triggerbar. Als die Anfeindungen wieder losgingen, fühlte ich, wie eine tiefe Angst in mir aufstieg, von der ich gar nichts gewusst hatte in den Jahren nach 2009. Es hat eine Weile gebraucht, bis ich das endlich verarbeitet hatte. Vorher war es doch eher Verdrängung gewesen.

Parallel hat sich aber auch meine Überzeugung noch einmal ein Stück gewandelt.

Geholfen haben mir dabei die Einladungen der Deutschen Evangelischen Allianz als Experte zu den Gesprächswochenenden über Homosexualität. Dort wurden noch einmal alle nur möglichen Argumente hin und her bewegt und erst später merkte ich, dass eine neue Sicht in mir entstanden ist, zu der ich jetzt auch stehen mag und will – wie ich sie in diesem Buch beschrieben habe.

Für die APS freue ich mich, dass dort jetzt ein Gesprächsraum zum Thema Homosexualität eröffnet wird. Die APS soll eine Plattform sein, wo therapeutisch und seelsorglich Tätige miteinander in Austausch treten. Und wo sonst sind so günstige Bedingungen gegeben, der christlichen Szene Entwicklungsimpulse zu geben, als in diesem konfessions- und berufsgruppenübergreifenden Forum?

Vor allem ist es aber mein Anliegen, dass homosexuelle Jüngerinnen und Jünger Jesu endlich ihren Platz in unseren Gemeinden finden. Dass sie dort als Geschwister akzeptiert und in Liebe aufgenommen werden.

Sie dürfen – wie wir alle – den schönen Vers aus Jesaja 43,1 auf sich beziehen:

»Fürchte dich nicht, denn ich habe dich erlöst; ich habe dich bei deinem Namen gerufen; du bist mein!« (Luther 2017)